全国扶贫教育培训教材（第一批）

资产收益扶贫的实践探索

全国扶贫宣传教育中心　组织编写
汪三贵　主　编
梁晓敏　副主编

中国农业出版社
北　京

编委会

PREFACE 序

2018年2月12日，习近平总书记在四川成都主持召开“打好精准脱贫攻坚战”座谈会，对贯彻好党的十九大精神，全面打好精准脱贫攻坚战做出新部署时强调：“要突出抓好各级扶贫干部学习培训。对县级以上领导干部，重点是提高思想认识，引导树立正确政绩观，掌握精准脱贫方法论，培养研究攻坚问题、解决攻坚难题能力。对基层干部，重点是提高实际能力，培育懂扶贫、会帮扶、作风硬的扶贫干部队伍。”总书记关于做好干部学习培训工作的重要论述，是习近平总书记关于扶贫工作的重要论述的重要内容，为做好新时代脱贫攻坚干部培训工作指明了方向，提供了指引。

党的十八大以来，以习近平同志为核心的党中央把脱贫攻坚摆在治国理政突出位置，全面打响脱贫攻坚战。新时代脱贫攻坚的精准扶贫精准脱贫基本方略，是对传统扶贫开发方式的根本性变革，对广大干部群众的扶贫实践提出了新的要求，也对以提高扶贫干部工作水平为主要目标的扶贫教育培训提出了新的努力方向。全国扶贫宣传教育中心深入学习贯彻习近平新时代中国特色社会主义思想和党的十九大精神，以习近平总书记关于扶贫工作的重要论述为根本遵循，认真研判扶贫培训需求，积极推进扶贫教育培训教材建设。

2017年，全国扶贫宣传教育中心两次召开扶贫教育培训教材体系建设研讨会，评估脱贫攻坚培训内容及需求，对教材主题、形式、内容等进行研讨，确定第一批理论类、政策类、实务类、案例类和专题类5类8本教材的编写方案及编写大纲，邀请十多位长期研究中国扶贫问题并有丰富积累的教授担纲编写。历时一年多，在国务院扶贫办领导支持下，在扶贫办政策法规司及其他各司各单位指导帮助下，第一批全国扶贫教育培训教材于2018年初编写完成，中国农业出版社承担了出版发行工作。第一批全国扶贫教育培训教材共八册，分别是：《中国扶贫理论的形成与发展》《脱贫攻坚战略与政策体系》《精准扶贫精准脱贫方略》《产业扶贫脱贫概览》《资产收益扶贫的实践探索》《贫困村精准扶贫实施指南》《贫困村创业致富带头人培育工程优秀案例选编》和《脱贫攻坚理论实践创新研究》。

《中国扶贫理论的形成与发展》对贫困进行概述，系统阐述了贫困的产生、测量、分析的维度，重点论述了中国特色扶贫理论的背景、中国特色扶贫理论的构建，以及习近平总书记关于扶贫工作的重要论述。

《脱贫攻坚战略与政策体系》从横向和纵向两个维度对脱贫攻坚战略和政策体系进行叙述和讨论，阐述发展生产脱贫、转移就业脱贫、资产收益扶贫、易地搬迁脱贫、生态扶贫、教育扶贫、健康扶贫、社会保障扶贫以及解决特殊类型贫困问题，组织社会动员和社会参与，为脱贫攻坚提供保障等方面的政策措施。

《精准扶贫精准脱贫方略——基层干部读本》阐释了精准扶贫精准脱贫与全面建成小康社会之间的内在联系与重大意义、脱贫攻坚的目标与任务，深刻剖析了五大发展理念、六个精准与精准扶贫精准脱贫的辩证关系，分析了脱贫攻坚需要处理好的重大关系。

《产业扶贫脱贫概览》对产业扶贫进行了阐述和讲解，对我国产业扶贫及其历程进行了梳理，对扶贫产业选择的方法和未来发展的趋势进行了介绍，还对扶贫产业的风险及其防范进行了重点说明。

《资产收益扶贫的实践探索》在对各地资产收益扶贫项目进行实地调研、总结和提炼的基础上，从理论层面出发，对资产收益扶贫项目的运行机制和发展方向进行深入探索。

《贫困村精准扶贫实施指南——精准扶贫村级实施的程序与方法》包括四个方面的内容：精准扶贫的基本工作程序、村组层次扶贫方案的备选清单、国家打赢脱贫攻坚战相关政策选编、社区贫困的调研与分析方法。

《贫困村创业致富带头人培育工程优秀案例选编》从全国征集的

贫困村创业致富带头人培育工程案例中优选了10个案例进行讲解，并对具体的做法、效果、机制、政策等方面进行了重点论述。

《脱贫攻坚理论实践创新研究》以党的十八大为时间节点，充分反映了近五年来扶贫领域理论与实践的新思路和新发展，系统梳理了脱贫攻坚各领域政策体系、体制机制和实践经验。

2018年6月15日，中共中央、国务院印发《关于打赢脱贫攻坚战三年行动的指导意见》要求“实施全国脱贫攻坚全面培训”。我们认为，这八本教材以习近平总书记关于扶贫工作的重要论述为根本遵循，紧紧围绕脱贫攻坚重要问题和关键议题展开，具有基础性、开拓性、可操作性等特点，希望能够为全国脱贫攻坚“大培训”提供参考和借鉴，助力打赢脱贫攻坚战。

全国扶贫宣传教育中心

2018年7月

CONTENTS 目　录

第一章　资产收益扶贫的概念与基本理论

中国作为世界上最大的发展中国家，长期致力于经济增长、社会发展和人民生活福利的改善。中华人民共和国成立后，伴随着我国农村各类制度的建立、大规模减贫行动的开展以及经济发展的溢出效应，中国贫困人口大规模减少。按照官方标准计算，我国1978年农村贫困人口为2.5亿，贫困发生率为30.7%；到2014年，我国农村贫困人口仅为7 017万人，贫困发生率降至4.2%，取得了举世瞩目的成就。

减贫成绩斐然的同时，剩余贫困人口的脱贫任务愈发艰巨。随着社会不平等程度的提高，经济发展自然减贫的作用逐步降低，原有的区域性瞄准策略难以完成脱贫的任务。现存的贫困人口在我国30多年大规模的减贫行动中受益十分有限，是未来脱贫攻坚中的"硬骨头"。根据对国务院扶贫办建档立卡农户数据分析，我国现有贫困人口中，因病、残以及缺少劳动能力致贫人口超过60%。这部分贫困人口发展能力弱，在传统扶贫项目中难以实现增收致富，需要开展有针对性的帮扶，以实现我国"十三五"规划中"现行标准下农村贫困人口实现脱贫，贫困县全部摘帽，解决区域性整体贫困"的任务。

资产收益扶贫是新时期我国精准扶贫政策的重要抓手。在中国经济发展新阶段、贫困问题的新形势下，"十三五"规划中明确提出"探索资产收益扶持制度，通过土地托管、扶持资金折股量化、农村土地经营权入股等方式，让贫困人口分享更多资产收益"的全新帮扶措施。资产收益扶贫是指在精准识别的基础上，以稳定增加贫困人口的财产性收入为目的，为贫困人口创造资产、撬动贫困地区资源，充分运用市场化因素，提高贫困人口生产参与度，为其创造财产性收入。这类帮扶方式一方面照顾了现有贫困人口劳动能力不足、市场意识差的问题，一方面贯彻了精准扶贫方针，实现了措施到户，提高扶贫效率。

一、资产收益扶贫的定义

资产收益扶贫是指，将自然资源、公共资产（资金）或农户权益等多种可利用资源进行资本化或股权化，相关经营主体利用这类资产产生经济收益，贫困村与贫困农户按照股份或特定比例获得收益的扶贫项目。

资产收益扶贫的基本理念是引入市场主体参与、利用市场产生经济收益，最终实现农户福利。资产收益扶贫的最大特点在于资产通过市场化运营获得收益，无论是自然资源还是农户或公共资产，只有通过市场化的运作，与市场主体合作才能获得应有的资本报酬。与传统扶贫项目不同，资产收益扶贫项目中，贫困农户不是单纯依赖自身对资产或资源的利用实现收入增加，而是借由市场主体经营，通过资本收益分配实现福利改善。

资产收益扶贫的实质是增加农户财产性收入。通过资产收益实现福利的本质是增加农户财产性收入，而资产收益扶贫是在“农业和农村之外”增加农民收入的重要途径。随着我国经济进入新常态，贫困人口依赖传统农业和低技能务工获得的生产经营性收入和工资性收入上升空间有限，财产性收入成为解决贫困农户收入提高的新的增长点。资产收益扶贫正式着眼于此，通过赋予农户财产权利，增加相应的资产收益，改善其财产性收入水平偏低的状况。

资产收益扶贫的核心理念在于赋权。资产收益扶贫的核心在于将资产收益权赋予农民，而不是资产本身。通过赋权这一举措，农户可以获得长久性的资产收益。同时依托财产权利参与市场这一过程，可以有效提高贫困人口的组织化程度和市场意识，从根本上解决贫困人口的市场参与问题。

资产收益扶贫的基础是资产或资金投入。资产收益扶贫首先要确定以何种资产参与项目，包括但不限于财政资金、自然资源、农户或村集体资产等。何种资产可以作为项目投入一方面取决于资源或资产的自身存量，即地区资源特征、项目资金状况等；另一方面取决于市场需求，只有市场需要的资源或资本才能获得收益，只有市场主体愿意吸纳的投资才是有效率的投资。如何将资源和资金变为资产主要依托于引入何种市场主体参与项目，只要引入合适的公司或合作社进行开发，依托于丰富的贫困地区特色资源，紧抓经济发展新增长点，资产收益扶贫的范围会不断拓展。

资产收益扶贫的核心是收益方式。在资产投入的基础上，以股权还是债权、与何种主体合作参与市场化运作等与收益方式相关的项目设计是项目能否成功的核心要素。资产作为股权还是债权进入市场经营面临着不同的收益水平、风险管理和监督机制，在两者比较取舍过程中，在考虑收益率的前提下，也要注意股权的风险因素和监督机制成本问题。在资产收益扶贫的过程中，选择产业和企业是保障项目成功的核心问题，在这一过程中，政府应当发挥引导作用，重点鼓励带动性强、发展前景好、战略性特征明显的产业参与项目。在市场主体选择时，要充分考察企业或合作社的财务状况、人事情况、出资实力以及项目参与积极性等，保障项目的稳定性和持久性。

资产收益扶贫的关键是分配。无论资产以何种方式产生收益，对于贫困农户福利产生最直接和最根本影响的项目设计是分配环节。在分配环节，一方面要考虑应当将哪些主体纳入资产分配环节，另一方面要充分保障贫困农户的利益，鼓励项目参与，平衡企业获利与减贫效果。贫困农户是首要纳入分配范围的群体，除此之外，村集体可以以自身资产参与项目，以获得收益分配。通过这种方式可以有效壮大集体经济组织，改善“空壳村”的状况，增强贫困地区基层组织能力和协调能力，为未来的扶贫攻坚行动奠定坚实的组织基础。在分配环节要强调“益贫性”，保障建档立卡户的分配优先权。资产收益扶贫并不排除一般农户的资产参与，相反，资产规模的适度扩大可以吸引大型市场机构参与项目，有利于项目收益水平的提高。但在分配环节，资产收益扶贫项目应当体现其“扶贫项目”的本质，对贫困农户，尤其是失能和弱能贫困户进行有倾向性的分配。同时，应当将项目参与度纳入分配标准，区别于以往的救济性扶贫措施，积极鼓励贫困农户参与项目，发展自身能力，提高市场意识。除了贫困农户与一般农户之间的平衡，企业与扶贫对象之间的利益分配平衡应当重视。一方面要保障企业的相应利润，鼓励其项目参与的积极性，另一方面也要坚持贫困农户的扶贫效果，确保扶贫资金产生应有的效用。

资产收益扶贫的关注点是失能弱能贫困户。在之前的多次脱贫攻坚行动中，仍然有部分农户没有实现脱贫，这部分农户中大多是失能弱能劳动力，包括健康状况较差、残疾、高龄等人口，这部分人口的脱贫不能简单依赖传统的方式，而应当通过资产收益扶贫项目建立有效的兜底制度，同时鼓励弱能贫困农户就地参与，增强自我发展意识。因此在项目设计时，要充分考虑这部分贫困农户的特征，将其收益和发展作为项目的重要目标之一。

二、资产扶贫的基本理论

资产收益扶贫的重要理论支撑是“资产建设理论”（asset construction theory）。1991 年，美国学者迈克尔·谢若登出版《穷人与资产——一项新的美国福利政策》一书，引起了学界对于福利政策的深入思考，并由此逐步衍生出了资产与贫困相关主题的研究。

这一理论提出的主要背景包括：

（1）传统社会福利政策受到挑战。20 世纪 70 年代中后期，随着经济全球化和高新技术的发展，全球经济结构和社会人口结构发生了重大变化。一方面，世界竞争的不断激烈，结构性、技术性失业人口快速增长，社会群体如非熟练的青年职工和妇女的失业情况严重，产生了新的贫困问题。加上人口老龄化的加剧，西方社会福利制度受到诸如财政困难、社会开支入不敷出等挑战。为寻求解决问题的出路，社会政策领域和理论界引发了对社会政策改革问题的审视。

（2）全世界对反贫困政策的反思。贫困一直以来都是一个全球性的问题，传统的救助方式就是政府通过财政转移支付对贫困者实施救助，贫困群体接受政府救助，维持自己的基本生活。政府的社会救助只是提供现金、产品和服务以满足穷人的基本消费为目的，这样形成了以收入再分配为核心的社会福利政策。但是随着全球经济结构和人口结构的不断变化，现行社会制度面临一些无法解决的难题，迫切需要社会政策方面的创新。

谢若登认为美国以收入转支为主要方式的福利政策并没有帮助穷人摆脱贫困，“虽然收入转支有助于暂时减轻贫困，但没有根本解决贫困问题”。在当时的政策视野中，贫困仅限于收入一个维度，普遍认为贫困产生的原因是针对穷人的资源供应量有限，因此需要不断增加供给，以缓解贫困状况。与主流观点相悖，谢若登认为“收入只能维持消费，而资产则能改变人们的思维和互动方式”，主张为穷人积累资产。谢若登指出，在单纯的收入模型中，穷人主要收入来源有就业、家庭和政府，以此来保持低水平的消费，而无法产生资产福利效应。在这个模型中加入了资产这一要素，政府把一部分的资产给予穷人，为穷人建立个人资产账户。长期来看，通过资产的积累，不仅能够提高穷人的消费，而且还会帮助穷人建立起自己的资产，因而更有利于穷人早日走出贫困处境。在资产增加的过程中，穷人开始从长计议，资产开始“改变人们的头脑”。

谢若登把资产分为有形资产和无形资产，有形资产是指合法拥有的物质财产和在很大程度上具有与物质财产相同功能的权利，包括货币储蓄、股票、不动产等。无形资产是基于个人资源或社会经济关系的资产，主要包括人力资本、非正式社会资本、正式社会资本等。所谓的资产建设，就是指政府或非政府组织有组织地引导和帮助穷人进行资产积累，而非简单地直接增加其收入和消费，穷人依靠自身积累的资产进行特定目的的投资，从而实现自身发展，走出贫穷困境。

从各国实践来看，个人账户的建立是对资产建设理论的重要实践方式，其中“美国梦”个人账户项目最为著名。1998年，由美国联邦政府发起，并在全国招募参与者。对符合条件的志愿者，由政府出资为他们每个人建立个人发展账户。账户建立的最初资金来源于十几个私人基金会，并由一个称为CEFD的非营利机构统一管理。参与者的条件因项目不同而有差异，但总体控制为收入位于或低于贫困线收入水平150%～200%的贫困群体。项目的基本理念是对贫困人口投入储蓄账户的资金，政府按照1∶1～2的比例进行配款鼓励，但储蓄账户中的资金仅能用于资产累积的项目，诸如用于教育或培训、购买或维修房屋、创立小型企业（自雇）等。以个人发展账户用于教育或培训项目为例，符合条件的参与者A开设了一个这样的账户，A首先获得了500元的开户资金，A在开设账户后前8个月每月储蓄50元，并按照1∶2的补偿比例获得每月100元的配款，到第8个月月底账户余额已经达到1 700元，这时A打算参加一个职业培训项目，以提高自己的竞争能力，改善收入状况，因此，与该项目合作的培训机构直接从账户里面提取了1 500元的培训费用（个人不能直接从账户提取资金，否则取消以前的配款额，并处以提款额10%的罚金）。经过两个月的培训，A在获得某项技能的条件下找到了一份工薪较高的工作，收入有了很大的改善，因此，每个月能够在账户里存100元，因此相应的补贴增加到200元。在个人账户资金可以继承的前提下，A的小孩也可以使用该账户的资金，用于特定的目的，例如需要教育费用的时候，同样可以从该账户下提取资金。穷人的后代在赢得受教育机会的同时，也赢得了获得好工作摆脱穷人身份的可能性。

从收益角度看，财产性收益在国民经济中占比逐步提高。正如皮凯蒂在《21世纪资本论》中揭示的一样，劳动在国民收入中所占份额逐年缩小，而资产的份额逐年上升，这是为什么存在大量“劳动穷人”的原因。扩大财产性收入符合我国的世纪国情和我国面临的贫困状况，而贫困人口财产性收入的不足是造成其与平均收入水平差距不断拉大的重要原因。

首先，一部分居民将未用于劳动力再生产的收入积累起来形成了私有财产，从而拥有了财产性收入。由于不同行业、不同地区、不同劳动分工的劳动者获得的收入水平不同，其用于劳动力再生产的费用也不同，所以，居民拥有的财产数量也就存在着较大的差异。财产还可以在代际间进行转移，目前我国还没有开征遗产税，因此，通过代际转移获得的财产数量也存在相当大的差距，从而导致财产性收入差距扩大。

其次，将财产用于不同形式的投资，其收益率是不同的。财产收益率主要受3种因素的影响：第一，财产的种类。例如，以实物形式持有房屋或机器设备等并用于出租即可获得租金收入，将财产用于经营或商品生产就可以获得经营性收入，将财产存入银行可以获得利息收入，将财产转化成有价证券就可以获得红利、股息等。显然，财产的形式不同，财产性收入的形式和数量就不同。第二，财产投资领域的市场情况。例如，房屋或机器设备的租金受到市场供需的影响，生产经营的收益会受到相应商品市场情况的影响，银行存款的利息受央行规定的准备金率和银行利率的影响，有价证券的收益率也会受到金融市场的情况影响等。即使持有同种类型的财产，也不一定会获得等量的财产性收入。第三，财产所有者的经营能力、知识结构、掌握的信息数量、对风险的好恶等个人特征也会影响其财产性收入的数量。例如，风险偏好者会将其财产投入到高风险、高收益的领域，而风险厌恶者则倾向投资于低风险、低收益的领域，二者的财产性收入会出现较大的差距；又如，经营能力强又拥有相关知识的经营者会比普通经营者获得更多的财产性收入等。

最后，初始财产的数量和财产收益率会相互影响，共同作用于财产性收入。初始财产的规模决定了财产所有者可以投资的领域。例如，一些投资领域具有进入门槛，较大规模的投资需要有大量的初始财产，财产数量较少的人就不能在该领域进行投资，不同的财产形式具有不同的财产收益率，从而导致所获得的财产性收入出现较大的差距。由于财产性收入还可以转化为财产进行再次投资，因此，财产性收入的差距决定财产数量增长的速度，进而决定着下一期初始财产的数量。财产性收入的数量越多，其边际消费倾向就越小，就会有更多的未被消费的财产性收入转化为财产并进行再次投资。由此可见，财产性收入具有马太效应。财产性收入的这种马太效应会使居民的财产和财产性收入的差距成螺旋式不断扩大，并且随着部分居民财产的不断增长，财产性收入差距扩大的速度会远远超过劳动收入差距扩大的速度，从而造成居民收入差距不断扩大，且扩大的速度会越来越快。

由此可见，财产性收入所具有的不确定性及其马太效应决定了财产性收入差距必然存在并且会不断扩大，这是由资本所固有的本质决定的。

从我国的收入分配结构来看，20 世纪 90 年代以来，财产性收入和经营性收入不断增加，工资性收入在总收入中的比重不断下降。职工工资总额占国内生产总值的比重：1996 年为 13%，2000 年下降到 12%，2005 年继续下降到 11%。在各种收入来源中，工资性收入的平均增长速度最慢。1990—2004 年的 14 年，年均增长最快的是经营性收入，年均增长率达到 149.64%；其次是财产性收入为 66.64%；排在第三位的是转移性收入，年均增长率为 43.33%；增长最慢的是工资性收入，年均增长率仅为 37.30%。由于财产性收入和经营性收入是富裕阶层的主要收入来源，而工资性收入是普通阶层收入的主要来源，可以预见，这种变化将导致收入分配差距的进一步加大。当前全国人均财产性收入增长速度已经是劳动收入（城镇工薪收入和农村经营性收入）增长速度的两倍。

20 世纪 80 年代中期，我国由“输血式”扶贫转向开发式扶贫，注重发展生产、激发农户内生动力，并对农村贫困地区给予了大量资金支持，直接补贴类收入转支性政策在相当长的时间内是我国贫困帮扶的重要手段。政府有针对性的减贫政策和经济发展的溢出效应相结合，促进了我国扶贫事业的发展，贫困县基础设施建设、经济增长速度、贫困人口收入和消费的增长速度均高于全国平均水平，但与此同时，这一阶段的部分扶贫政策也暴露出了问题。对于收入转支型政策的福利效果，学界充满了争议。转移性支付可以有效提高家庭收入、减少不平等、降低童工数量，进而减轻贫困。我国转移性支付对福利产生的正向影响主要包括：社会保障本身作为一种收入，直接促进了消费，降低了预防性储蓄，改善了家庭健康状况，减少了贫困。但与此同时，转移性支付也造成了劳动参与率下降、挤出私人转移支付、加剧不平等负面效应。

与收入转支型帮扶政策不同，资产收益扶贫项目旨在利用各类资产，借助市场力量为农户获得财产性收入，以帮助其摆脱贫困。虽然资产收益扶贫项目也是以收入增加为目的的帮扶政策，但与直接收入转支型政策不同，这一新的扶贫政策呈现出以下特征：①以资产建设为前提，充分利用农户自有资源或政策资金，将资本收益权赋予农户，赋权过程中注重培育农户的市场意识，引导其生产决策思路的转变；②农户出让资金或资产，以股东或债权人的身份，而非转移支付接受者，获得收益。而转移性收入和财产性收入不同的消费倾向会造成不同的福利影响；③资产收益扶贫项目中农户收益度与参与度并重，在保障资产收益的基础上，能在多大程度上参与劳动也是项目的重要评价指标，避免了单纯转移支付可能造成的劳动参与率下降。因此，从帮扶手段来看，资产收益扶贫有别于传统扶贫项目，尤其是收入转支型帮扶政策的扶贫方式，是我国扶贫手段的一次重要创新。

三、资产收益扶贫的基本原则

（一）受益度与参与度并重

资产收益扶贫项目不仅重视改善农户的资产和收益状况，也强调参与度的重要性。农户受益度是指农户可以通过资产获得的资产收益回报，参与度则考察农户在项目中的参与劳动、销售产品、技能增长等情况。参与度是对资产建设理论的重要实践，在项目参与中，农户与市场接轨、习得新技能、获得新信息，逐步改善原有的思维方式，形成了市场化的生产思维，这一点对贫困农户的长期脱贫十分重要，在项目设计和实施过程中要尽可能贯彻落实。

项目受益度由资产数量、性质等特征以及收益率两个方面决定。

资产收益扶贫首要目标是实现资本的市场参与，以资产收益提高农户福利，因此，项目在资产方面应当通过动员多种类资金资产投入市场，建立连接资产和市场主体的平台，以扩大资产投入，帮助农户增收致富。资产类型包括现在已经被明确认识并纳入市场范畴的农户土地、村集体土地等资源，包括可以被商业化的水电、光伏等自然资源。

在扶贫开发的新形势下，往往强调直接的项目支持贫困户的发展，忽视了开发贫困户生活工作空间的经济价值。事实上，很多处于深度贫困的地方恰恰是生态环境好的山区和林区。土地和林地以及农户在基地的价值远远没有得到利用。因此，加快出台贫困人口资产增值的制度安排，将有助于这些群体走上可持续的脱贫之路。

应当着重强调的是，国家对贫困地区的专项转移，特别是扶贫资源，是属于贫困人口的资产，因此要确保这些资产的收益限定在贫困人口的范围内。如很多地方的项目采用公司加农户的方式，农民一般只会以土地入股，在土地上的投资，以及项目配套投资，并没有算作农户的资产。他们在土地上投入的公共资源，实际上以看不见的形式流入到了外来的投资者手里。如果将这部分投入折股成贫困人口的资产，就能在很大程度上增加贫困人口的资产存量。这就相当于增加了贫困人口用于投资的资金财富。

除了强调动员尽可能多的资产参与项目，另一方面也要重视如何提高资产的收益率。资产收益率取决于资产自身的性质和投资企业的经营水平。开发成本低、稀缺性高的资源很容易可以在市场中获得较高水平的收益。同时，企业如何利用资源，以何种手段、对接何种产业将贫困地区资源纳入市场范畴将极大地影响资产收益率。政府在与市场主体谈判的过程中，应当积极应对，以适当的政策福利吸引企业在贫困地区投资，使用贫困地区资产，同时要求其以最大程度让利于贫困农户。

参与度强调企业和合作社将农户纳入生产经营体系，帮助劳动能力较弱的贫困农户参与劳动，获得工资性收入，改善农户的技能水平；发挥企业的带动作用，培育地方性产业，促进区域经济发展。资产收益扶贫如果仅仅依靠资产带来回报实现减贫，与传统的收入转支型帮扶差异不大。但如果在资产收益的同时能够充分利用失能和弱能劳动力参与劳动，可以有效改善其收入状况，增加工资性收益，激发其发展的内生动力，最终实现减贫致富、思想脱贫的目标，那么参与度这一维度的收益具有重要作用。同时，资产收益扶贫与市场机构的对接应当注重发展农户的组织性，将分散农户通过资产收益扶贫项目纳入市场化的组织机构当中，从生产到销售环节以合作社或企业的形象参与市场竞争，最终实现农产品销售利润的提升和交易成本的降低。对于区域发展来说，通过资产收益扶贫引入一项好项目、一个好企业、培养一群技术能人、建立一个有效的农民组织将会对贫困地区的发展起到巨大作用，可以有效改善部分地区带头产业发展动力不足的问题，增强区域吸引力，改善区域性贫困。同时，区域产业发展将会吸引大量农民工回流，这对于改善人口老龄化、空壳家庭、留守妇女和儿童等社会问题有重要意义。

值得注意的是，资产收益扶贫的项目选择与资产收益形式息息相关，如房地产、银行理财等方式的异地投资和非农业投资可能带来更高的直接收益，但农户缺少参与度、没有工资收入、产业带动功能有限，可能产生依赖心理。

案例一：

重庆市石柱县将扶贫发展资金投入合作社，合作社以借贷形式将该笔资金交由企业使用，每年获得固定收益的同时，还通过推动农户向企业销售农产品、在企业务工等方式增加参与度，同时，将参与度作为最终分配的重要标准，大大增加了项目的带动作用。36户加入合作社的农户事先与企业签订生产合同，企业将每年所需的蔬菜、瓜果、土鸡、土鸭等农副产品需求量提供给合作社，签订购销合同。合作社组织参与项目的贫困户进行生产，按照农户生产能力和意愿将订单分拆至农户，并逐户签订购销协议。合作社组织专人专车上门收购贫困农户农产品，企业按照市场价格进行收购。这种方式一方面保证了乡村旅游接待中的食材质量和安全，满足了消费者对于农产品新鲜、无公害等要求，另一方面也降低了企业采购成本，促进企业发展。贫困户方面，这一模式减少了中间环节，降低了贫困农户销售成本，解决了山区农户农产品卖难的问题，帮助部分弱能贫困户、缺少劳动力的贫困户实现了农产品的顺利销售，提高了农户的收益。此外，石龙山庄在旅游接待点向游客公开农产品收购情况，包括贫困户姓名、电话、品种、收购数量及收购价格等信息，每日更新。这种形式获得了消费者的信任，同时起到监督作用。农户通过在石龙山庄务工获得工资收益。石龙山庄每年所需40多个用工岗位优先贫困户务工，主要从事保洁、保安、接待等工作，工资1 500～1 800元/月，2014年用工量为14人，平均务工收入8 000元；贫困户家中的在校大学生可以在假期申请到公司打工。2014年共有11个贫困户家庭学生在石龙山庄务工3个月，平均收入5 000元。在分配环节，全部收益的40%按照农户与合作社的商品交易量以及务工收入为基础，按照比例进行分配。其中，农产品交售奖励最高2 300元，务工最高奖励1 500元。占用费中50%作为农户固定分红，平均分配到36户参与农户。10%为合作社发展费用。

（二）安全性、稳定性与回报率并重

资产收益扶贫项目在资产进入市场的过程中，应当强调资产本身的安全性，以及收益的稳定性和回报率。

资产收益扶贫项目本质是扶贫项目，保障农户和集体资产的安全性应当放在项目设计的重要位置。对于参与项目的农户和集体资产，如土地、房屋、资金等，一旦项目投资失败就面临着资产所有权或使用权的转移，这对于贫困农户和村集体来说是极大的损失。对于资产数量稀少，收入水平有限的贫困农户来说，对投资失败的接受能力远远低于一般的群众，同时项目投资失败将会严重影响政府公信力和脱贫攻坚进程。因此，在项目设计环节应当对资产的安全性进行保底安排，保障在市场波动过程中将资产损失控制在合理、可接受的范围。在选择市场主体的环节也应当强调企业或合作社的稳定性，选择有经济实力、产业多样化的主体合作。这样即使在贫困地区的一项投资失败，公司仍然有能力通过其他的项目投资补偿，而不至于到破产清算、损失资本的地步。

资产收益扶贫项目不是短期项目，只有保障项目收益的持久性和稳定性才能实现农户脱贫的稳定性。同时，一旦资产注入企业，企业的发展和经营周期决定了不可能在短时间内实现退出，项目发展必须做好长久打算。对于财政资金投资固定资产等形式的资产收益扶贫尤其要重视项目的稳定性，因为以此种方式参与的资产收益扶贫项目往往购置或建设大量专用性资产，如通往厂房的道路、牲畜圈舍、特定作物的农田水利设施等，这类资产转移性较差，项目失败后资产无法变现，也无法做他用。如果项目持续周期过短，资产尚未发挥最大作用就退出项目，会造成财政扶贫资金的大量损失。因此，收益的稳定性是必须考虑的关键原则。

在这一过程中，收益水平当然是应当重点考察的要素，同时，收益的稳定性和持久性也值得关注。市场主体是否具备在相当长的一段时间内稳定收益的能力，产业未来发展前景是否稳定，产业本身波动性等都会影响农户的收益水平，进一步对项目效果和农户脱贫进程产生重要的影响。

资产收益应当在强调项目资金安全、分红收益持久的基础上，保障农户的收益率，根据调研，初步认为8%的收益率是兼顾市场规律和农户利益的较为合理的收益底线。

（三）强调金融参与和资金整合

资产收益扶贫项目要惠及更多贫困人口必须要做大“蛋糕”，加大资产投入力度，才能实现高覆盖、高收益。在贫困地区农户和集体资产有限的情况下，以金融为杠杆，撬动更多资金参与资产收益类扶贫项目成为扩大项目投入的关键；同时资产收益扶贫拓宽了扶贫项目的涉猎领域，使得各部门的资金整合拥有更大的平台。

伴随着我国金融扶贫的力度不断加大，农户贷款便利性提高，以金融资产产生资产收益，帮助农户在短期内增收脱贫，学习产业技能，促进自身能力建设成为可能的选择。资产收益扶贫中，以农户耕地经营权、林权以及宅基地使用权或村集体土地、基础设施等入股有效推动农村确权工作的开展，深入挖掘农户资产潜力，但是受到产业类型、地理位置等限制，不可移动的资产在这类扶贫项目中受到的限制较多，一旦缺少合适的企业承接，很可能造成项目无法推进。而金融资产可以克服以上缺陷。资金作为适用范围最广泛的资产类型，对农户参与资产收益类扶贫项目有着积极的推动作用。以金融为杠杆，撬动更多资金参与资产收益类扶贫项目，把“蛋糕”做大，有效保障资产收益水平，以确保项目的减贫效果。具体来看，现有项目中较为普遍的模式是，政府投资建设风险补偿基金，以此撬动银行向贫困农户发放贷款，进一步引入企业或合作社、大户，以股权或债权形式对接农户贷款，最终实现资产收益。

案例二：

甘肃省精准扶贫专项贷款项目中，甘肃省将资产收益扶贫试点资金8 000万纳入“精准扶贫专项贷款”项目，作为贷款贴息资金，配合开展资产收益扶贫项目，撬动银行贷款200亿元。项目实施期为2015—2017年，总规模400亿元。贷款对象是58个片区县和17个插花县中417万人、101万户建档立卡的贫困农户。贷款额度为每户3万～5万元，期限为3年，银行对农户免抵押、免担保，贷款执行国家同期基准利率，按年结息，省财政全程全额贴息。财政和银行共同建立10亿元风险补偿基金，省、县级财政与银行按照3.5∶3.5∶3的比例出资。专项贷款县级不良率控制红线为3%，红线内不良贷款，由风险补偿基金代偿；超过红线部分，由县（市、区）政府在30日内负责偿还，并暂停贷款发放，逾期由省财政从省对县转移支付中扣缴。自2015年7月全省启动以来，两批共投放贷款211.15亿元，截至2016年1月31日，累计发放到户219.525 5亿元，覆盖贫困户47.889 6万户，占全省建档立卡100.917 5万贫困户的47.45%。

资产收益扶贫使扶贫项目跳出了农业农村范畴，开始逐步向房地产、金融等非农领域、城区范围拓展。随着项目平台的扩张，资产收益扶贫也将涉及更多政府部门，由此多部门的资金整合成为可能。打好脱贫攻坚战，资金的有效使用是关键，改变原有“打酱油的钱不能买醋”的规则，资产收益扶贫为多部门的资金整合提供了新的平台。而在“大扶贫”的背景下，多部门资金整合成为资产收益扶贫项目扩张的重要保障。

第二章　资产收益扶贫的资产类型

投入资产收益扶贫中的资产类型，可以从不同角度进行划分。从资产属性的角度，可以分为自然资源类资产、土地资源资产、资金类资产、权益类资产、固定资产等类型；从资产形态的角度，可以分为有形资产和无形资产。从资产权属的角度，可以分为集体资产、家庭或个人资产。

本章将资产划分为自然资源类资产、农户和村集体自有资源或权益类资产、直接投资类资金资产、资金投入建设形成的经营性生产资料类资产 4 种主要类型。

在这 4 种主要的资产类型的基础上进一步细分，自然资源类资产可分为利用光照资源投资建设的光伏设施资产、依托水能资源开发建设的小水电设施资产、立足丰富的矿产资源储量形成的矿产资源资产、以生物质等形式参与旅游产业形成的旅游资源资产。农户和村集体自有资源或权益类资产可分为土地资源资产、房屋或宅基地资产，其中，土地资源包括农村集体所有和农户家庭承包经营的耕地、林地、草地、荒山、荒坡、荒滩、水面等。资金类资产从投入方式和形式上，可以分为采用直接投入经营主体的货币资产和通过投资建设基础设施或购置实物形成的有形资产。

一、自然资源

自然资源可以分成生态资源、生物质资源和能源资源。其中，自然生态资源又称恒定资源，具有明显的地域性，不受人类活动干预的影响。太阳能光照资源是资产收益扶贫中普遍利用的一种自然资源。生物质资源属于可再生资源，包括具有再生机能的动物和植物，资产收益扶贫中的生物质资源包括作价或折股参与经营的牛、羊、鸡等牲畜和银杏树、椴木等植物。能源资源分为可再生和不可再生资源，太阳能光照资源和水能资源属于可再生资源，矿产资源属于不可再生资源。

（一）光伏

开发太阳能光伏资源，在硬件上包括光伏产品制造和光伏电站建设两个主要方面。贫困地区农村立足太阳光照资源充足的禀赋条件，创新发展清洁能源的区域性政策条件，通过出台光伏电价补贴激励政策，吸引新能源企业落地投建光伏基础设施；通过整合扶贫资金、企业资金和农户自筹资金，建成村级集中式光伏电站或分户式电站，形成村集体或农户所有的固定资产。同时，通过配套电网设施布设和联通，完善光伏发电上网所需的电网基础设施。在创新政策和完备基础设施的前提下，在实现光伏发电收益上，丧失劳动能力、难以通过自身努力增收的贫困人口，使其能够通过管护光伏固定设施，在家门口获得“阳光”收入。

实施光伏项目的前提是具备充足的光照资源条件和架设光伏设施的场地，硬件基础是电站和电网设施，电站的两种主要的架设形式是分户式电站和村级集中式电站。发展清洁能源、产能配置、电价补贴等政策是激励条件。

从实施光伏项目的立地条件来看，我国大多数农村贫困地区都具备可行的光照条件。在架设场地方面，西北地区拥有较多的荒地、河滩地等闲置开阔土地，中部、中南和西南的广大山区农村平地较少，缺少架设光伏电站的场地，一些贫困村在村内难以成规模地集中架设光伏板，一些分户式电站架设在农户自家的屋顶上或房前的水塘中。比较而言，拥有更多闲置可利用土地资源的西北地区农村地区，更有条件建设村级电站实施光伏扶贫项目。

从光伏电站投入建设的成本上看，分户式电站的建设成本约为 2.4 万元，一般由财政资金补助、企业出资和农户自筹共同投建形成。而村级集中式电站的建设成本则取决于不同的建设规模。为解决贫困户自筹资金存在困难的问题，一些地方设计优惠政策，向贫困户提供信贷资金，作为贫困户的自筹资金，参与投入光伏设施建设。

表 2-1 光伏案例

资产投入方式	案例
由财政、企业、贫困户三方共同出资，投入建成分户式和村级集中式光伏电站	安徽省金寨县：投入 1.602 24 亿元建设村站和户站。其中，3 000 瓦分户式电站按单位建设成本 8 元/瓦计算，建设成本为 2.4 万元，通过财政扶贫资金扶持 8 000 元、信义光伏企业捐资投入 8 000 元、贫困户自筹8 000 元，共同出资投建。分户式电站的所有权由贫困户享有
	甘肃省通渭县油房村：投入 175.2 万元，其中，项目补助 58.4 万元、企业援建 102.2 万元、农户自筹 14.6 万元。架设 68 户分户式电站和 5 户集中式电站。其中，分户式电站单户造价 2.4 万元，资金来源分别是项目补助 8 000 元、企业援建 14 000元、农户自筹 2 000 元

在调查案例中（表2-1），安徽省金寨县提出创建“百分之百非化石能源示范县”的政策目标，在国家能源局和安徽省的政策支持下，金寨县依托大规模发展光伏产业，推进实施清洁能源工程，并通过在贫困村投入建设分户式电站和小型村级电站，实施光伏扶贫项目。在对安徽省金寨县和甘肃省通渭县油房村光伏扶贫项目的调查发现，分户式光伏电站需要农户对电站进行日常清洁等简单的管护，由于光伏组件的管护需要技术支持，光伏板一旦破损，农户无法自行修复，而光伏企业的专业管护服务目前还没有延伸到户站。相比较，从提高光伏电站的技术管护效率而言，村级集中式电站比分户式电站更便于统一进行技术维护。

（二）水电和矿产资源

水电资源属于可再生资源，矿产资源属于储量有限的不可再生资源。我国贫困农村和贫困人口多分布在拥有丰富水能资源、小水电开发潜力大的中西部山区。根据水利部对农村小水电资源可开发量的估计，可开发小水电资源覆盖30个省、1 715个县，技术可开发量为1.28亿千瓦。在832个贫困县中，有700个县拥有农村水能资源，技术可开发量为7 134万千瓦，占全国总量的56%，截至2014年年底，已开发3 250万千瓦，开发率为46%，较全国平均开发率57%的水平低11个百分点。从小水电工程建设情况看，据统计，到2014年年底，全国已建成小水电站47 000多座（装机容量7 300多万千瓦）。“十二五”期间，累计投入小水电建设300亿元，其中中央财政29亿元，支持建设了近千座农村小水电站，装机容量达310万千瓦。

目前，开发小水电和矿产资源实施资产收益扶贫项目尚处在探索阶段，下一步将根据国务院办公厅于2016年10月19日印发的《贫困地区水电矿产资源开发资产收益扶贫改革试点方案》提出的总体思路，进一步探索在贫困农村地区小水电和矿产资源开发中实施资产收益扶贫机制，使资产收益惠及原住地居民。

开发和利用小水电等可再生能源创新实施资产收益扶贫项目，在电价政策支持下，一般不存在收益风险，能够保证原住地贫困人口稳定获得收入。此外，在贫困农村地区推广使用清洁能源，有助于农民形成节能环保的生活习惯和改善农村生态环境。但是，工程建设可能对当地生态环境造成一定的负面影响这一问题值得重视和加以预防。

农村小水电和矿产资源的合理规划和适度开发，既要维护良好的生态环境，又要增加农村原住地居民的生态红利；既要满足当代人摆脱贫困的需要，又要不破坏后代人发展所需的环境。

（三）旅游资源

在乡村旅游项目中实施资产收益扶贫的主要做法是：贫困村集体通过将其所有和农户将其家庭承包的土地、林地、山岭、草原、荒地、滩涂等土地资源或树木、家畜等生物质资源，将房屋及宅基地、基础设施、固定设备等多种形态的资源和资产，折成股份投入乡村旅游发展项目中，村集体和农户占有股份，并享有收益权。同时，贫困户能够在参与乡村旅游项目中学到管理及经营理念和经验。

旅游资源具有地方性特点。拥有优质生态禀赋和特色文化资源，是贫困农村因地制宜开发优质资源、发展乡村旅游项目的前提条件，同时，为有效实现旅游收益，还需要考虑市场距离和吸引消费市场的能力。通过完善道路基础设施建设，连通城市和乡村，为游客往来出行提供交通便利。如贵州省依托山地公园省的生态优势和多彩贵州风的斑斓民族文化，着力发展旅游产业。并于2015 年实现了县县通高速，高速公路成为串联景区景点的旅游精品线和丰富游客体验的流动风景线。旅游产业联结高速公路，“通道效应”迅速释放了贵州避暑旅游和少数民族文化游的经济潜能。除了打造便利的基础设施硬件，乡村旅游的体验感和舒适度也是吸引游客的一个重要因素，因此，贫困村还要努力提高服务水平。总之，贫困地区农村要实践把“绿水青山”打造成“金山银山”的理念，发掘“山水林田湖”的整体效益和生态红利，既要突显旅游资源的“颜值”，又要提升旅游服务的品质，为农村生态资源和农户家庭资产参与乡村旅游等项目获取生态收益打下生态基础。

案例：

贵州省六盘水市将位于旅游景区的古树名木等生物质资源，作价折成股份入股乡村旅游项目，使“原住民”分享旅游开发带来的收益。盘县妥乐村将村内 1 451 棵古银杏树入股当地旅游开发公司，农户按照占股比例从旅游门票中获得分红。

二、农户和村集体自有资源或权益

农户和村集体的自有资源或权益，主要是农户家庭所有和村集体所有的存量自然资源、各类资产及其权益。农村集体资产方面，《中共中央　国务院关于稳步推进农村集体产权制度改革的意见》（2016 年 12 月 26 日）将农村集体资产划分为资源性资产、经营性资产和非经营性资产。其中，资源性资产包括农民集体所有的土地、森林、山岭、草原、荒地、滩涂等；经营性资产包括用于经营的房屋、建筑物、机器设备、工具器具、农业基础设施、集体投资兴办的企业及其所持有的其他经济组织的资产份额、无形资产等；以及用于公共服务的教育、科技、文化、卫生、体育等方面的非经营性资产。这三类资产是农村集体经济组织成员的主要财产，是农业农村发展的物质基础。贫困农户自有资产或权益方面，主要包括家庭承包的耕地、林地、山岭等土地资源，以及房屋的所有权和宅基地的使用权。

资源的投入方式上，一方面，贫困村集体一般将其所有的耕地资源作价折股投入种植类产业项目，将房屋以入股或出租方式发展养殖业项目，将机器设备出租给种植、养殖、生产加工类经营主体，将荒山荒坡、闲置房屋、林木等入股乡村旅游项目，将小水利灌溉工程设施入股管水协会交由其经营，创新资产收益扶贫实践。另一方面，贫困户一般将其家庭承包的耕地经营权，以流转或入股的方式，投入种植类产业项目，或将家庭承包的林地、山岭经营权流转或入股乡村旅游项目，参与到资产收益扶贫项目中来。

（一）土地资源

广义上的农村土地资源，包括土地、森林、山岭、草原、荒地、滩涂等。目前，参与资产收益扶贫项目的土地资源主要是耕地、林地和荒地资源。耕地在坚持用途不变和尊重农民意愿的前提下投入种植类产业项目；林地、荒地、荒山、荒坡、荒滩等主要投入乡村旅游项目。土地资源的参与方式，主要是将土地经营权流转或入股到龙头企业、合作社、经营大户等新型经营主体，在这一过程中，农村土地资源经过资产化，形成资源性资产。在权益上，村集体享有土地资源的所有权和参与项目的收益权，农户享有其家庭承包地参与项目的收益权。

土地资源是贫困地区农村主要的存量资源和资产，也是普遍参与资产收益扶贫项目实践的资产类型。土地资源的资产化，盘活了农村存量资源，为增加村集体和农户的资产价值和经济积累、为释放农村劳动力和推进适度规模化经营创造了条件。

农村土地经营权是资产收益扶贫中最普遍的一种资产类型。农村土地资源包括耕地、林地、荒山、荒坡、滩涂、水面等，各类土地的经营权经流转或量化折股，实现向资产的转化，形成土地经营权资产，主要投入发展特色种养产业和乡村旅游项目。种植业项目重在突出农产品特色，主要的土地投入类型是耕地，形式为规模化种植。乡村旅游项目中，主要的土地投入类型是村集体所有的荒山、荒坡等非耕地。资产投入上，土地类资产主要通过土地流转和土地经营权入股两种方式投入。

种植业项目案例中（表 2－2），在宁夏区青铜峡市五星村，村集体和农户的土地作价折股投入有机水稻种植项目。在贵州省六盘水市钟山区周家寨村和六枝特区郎岱镇，村集体和农户土地入股发展经济林果类种植项目。在广西区田东县摩天岭村，村集体和农户的土地入股中草药种植项目。

表 2-2 土地资源类资产案例

资产投入方式	产业类型	案 例
将农村集体所有和农户家庭承包的耕地、林地、荒山、荒坡等土地资源，按不同的类型和地力差异，将其经营权通过经营权折价入股或流转，投入合作社、企业等新型经营主体，发展种植类、养殖类、乡村旅游等项目	有机水稻种植	宁夏区青铜峡市五星村：每亩*土地按830元折价，形成两种土地股份：一种是形成农户个体土地股：218户（含75户贫困户）共入股800亩，股本金额66.4万元；一种是形成村集体土地股：村集体土地入股223.6亩，股本金额18.6万元
	猕猴桃种植	贵州省六枝特区郎岱镇：花脚、阿乐、石糯尾、青菜塘4个村、2 919户、12 178人（其中贫困人口4 986人），以6 000亩土地承包经营权，入股天地人和农业发展有限公司，共同建设猕猴桃产业基地，农户入股土地占土地股份的10%
	葡萄种植	贵州省六盘水市钟山区周家寨村：70户农户以20年的承包地经营权、村集体将210亩集体荒山，入股民润蔬菜种植合作社，发展葡萄种植产业
	中草药种植	广西区田东县摩天岭村：叠穗药用植物种植合作社与源隆农业科技发展有限公司合作，以12 667亩土地经营权入股中草药种植项目，占20%的股份。其中，53户贫困户以3 813亩土地经营权入股
	"猪沼菜（果）"一体化农业	重庆市涪陵区营盘村：160户农民将承包的442亩耕地、按年租400千克稻谷的成本租赁20年，再按一亩地作价1 000元入股东江现代农业开发股份有限公司，实施东江现代农业示范园区建设项目
	生猪养殖	河北省赤城县黎家堡村：村集体以60亩荒山、荒坡，折价40万元入股生猪养殖场
	乡村旅游	贵州省水城县海坪村：将村集体所有的351亩荒山、荒坡，折价升值为1 800万元（平均每亩51 282元），入股野玉海国家山地旅游度假区彝族风情街项目，景区管委会占股70%，村集体及村民占股30%，覆盖村民180户780人，其中贫困户65户112人
		湖北省十堰市张湾区斤坪村：吸纳215户农户加入合作组织，386亩土地折价入股十堰益合农业科技有限公司，建设生态农业科技示范园，发展观光旅游扶贫产业

养殖业项目案例中，在河北省赤城县黎家堡村，村集体将荒山荒坡作价入股生猪养殖公司。在重庆市涪陵区营盘村，农户耕地经营权作价入股发展"猪沼菜（果）"一体化农业。

* 亩为非法定计量单位，1亩≈667平方米。

乡村旅游项目案例中，在湖北省十堰市张湾区斤坪村，土地入股农业科技公司，发展观光旅游扶贫产业。在贵州省水城县海坪村，村集体将荒山荒坡折价升值，入股山地度假区彝族风情街旅游项目。

(二) 村集体或农户所有的房屋或宅基地

房屋属于固定资产，是村集体或农户所有的主要的存量资产。村集体所有的房屋，包括新建或改建形成的生产性厂房、仓库、办公场所等。农户所有的房屋一般是家庭住房。

资产收益扶贫实践中，村集体和农户的房屋（及宅基地）一般通过出租或折价入股投入产业发展项目。具体而言，村集体和农户将闲置房屋用作仓库投入种植类项目，或用作圈舍投入养殖类项目中，或将住房改造后入股乡村旅游项目。资产权属上，村集体和农户对房屋（及宅基地）资产享有所有权和收益权。以房屋资产投入产业项目，盘活了闲置资源，发掘了实体资产的价值和产生收益的能力，增加了贫困主体的资产积累。

房屋类经营性资产的来源一般分为两类：一类是农村原有的闲置房屋，一类是投入资金新建或改造的房屋。投入不同产业项目的房屋的用途存在区别，投入种养加产业中的主要是生产性厂房，投入乡村旅游项目中的是村集体或农户的房屋，投入物业和租赁项目中的主要是门面、商铺和摊位。在不同项目中，房屋设施落成的位置也有差别，相比建在村内的住房和厂房，经营性门面、商铺和市场摊位一般建在市场和城市中心区。房屋类资产一般由村集体所有，在村内投资新建的房屋增加了农村存量资产。

表 2-3 房屋或宅基地资产案例

资产投入方式	产业类型	案　　例
投入资金在园区内建设标准厂房，并通过出租厂房，获取租金收入；或投入资金建设小型生产性厂房，为生产加工类企业提供经营场所。资金投入建成的房屋类固定资产，一般归村集体所有	厂房出租	江西省宁都县：资产收益扶贫试点资金 1 000 万元、县级注入1 130 万元产业扶贫资金，共计 2 130 万元，投入宁都扶贫产业园中，建设标准厂房出租 江西省吉安县：资产收益扶贫试点资金 1 000 万元、整合资金1 000 万元共计 2 000 万元，投入吉安高新区建设标准厂房出租
	黏豆包生产	黑龙江省林甸县东风村：投入扶贫资金 120 万元，新建 600 平方米黏豆包厂房
	乡村旅游	贵州省六盘水市钟山区月照社区双洞村：政府支持每户农户 8 万元棚户区改造项目款、旅游公司负责装修，12 户农户将经过改造和装修的房屋入股乡村旅游公司 贵州省水城县俄脚村：农户以自家房屋入股休闲农庄，每月按每平方米 3 元获取收益

房屋类资产的投入方式主要是出租。村集体将其在村内所有的房屋，在城市中享有收益权的商铺、门面、摊位出租，获取租金收益。

房屋或宅基地资产案例见表2-3，江西省宁都县和吉安县依托各自的产业园区，在资产收益扶贫项目试点资金1 000万元的基础上，扩大试点资金规模，整合资金一并投入建设标准厂房出租。在黑龙江省林甸县东风村，投入扶贫资金120万元，建成600平方米黏豆包生产厂房。在贵州省六盘水市钟山区月照社区双洞村和水城县俄脚村，在政府支付农户棚户区改造项目款的优惠政策条件下，12户农户将改造后的自家房屋入股乡村旅游公司，参与乡村旅游项目。

三、扶贫或其他资金直接投资

（一）不涉及购买或建设等环节的资金直接投资

资金类资产的来源，主要包括财政资金、信贷资金、社会帮扶资金、村民自有资金，其中，财政资金是投入资产收益扶贫项目的主体部分。一方面，出台支持政策创新财政资金的整合和使用，有助于提高财政资金使用的精准度和效率；另一方面，财政资金发挥引导作用，撬动信贷资金和吸引社会资金参与项目，扩大了实施项目的资金量。

公共资金直接投资，是指扶贫或其他财政资金不用于购买或投资建设，而通过直接入股、借贷等方式，集中投资给龙头企业、合作社、经营大户等新型经营主体，委托其管理公共资金和经营项目。

在资产收益扶贫项目试点中，四川省和甘肃省采取直接投资的方式，将资产收益扶贫试点资金投入经营主体实施项目。四川省以产业为载体，将试点资金折股量化和配置到村到户后，投入农村专业合作社，实施资产收益扶贫项目试点。具体的实施方式是，首先选择44个县（市、区）的69个农村专业合作社，然后安排财政专项扶贫资金9 000万元，每个合作社根据其发展现状安排财政专项扶贫资金100万～200万元，并采取政府引导、专业合作社主导、合作社贫困户成员参与的方式进行股权量化，将财政专项扶贫资金投入农民专业合作社形成的资产，以“贫困优先股”的形式全部量化给建档立卡贫困户，明确贫困户分红底线。甘肃省把试点资金纳入“精准扶贫专项贷款”项目，向贫困户发放小额贷款，将信贷资金集中投入新型经营主体发展产业。具体的做法是，以“精准扶贫专项贷款”项目为平台，在58个片区县和17个插花县，针对全省101万户建档立卡贫困户中无经营能力但又有贷款需求的贫困户，按照“量化到户、股份合作、入股分红、滚动发展”的方式，与扶贫龙头企业、农民专业合作社建立利益联结。贫困农户将免抵押、免担保、贷款执行国家同期基准利率、财政全额贴息、贷款额度每户3万～5万元的小额贷款，集中投入参与扶贫特色优势产业发展，实施资产收益扶贫项目。

直接投入或委托给各类扶贫经营主体发展产业的资金，主要包括财政资金、信贷资金和村民自筹资金。通过将各类资金折股配置到村到户到人，形成贫困主体享有收益权的股金资产，再集中投入或委托给带动和帮扶贫困人口的龙头企业、经营大户、合作社等经营主体，经营主体在经营管理中对资金享有使用权，其目标是在产业经营中获利，实现公共资金的保值增值，直接投入经营主体的资金类资产案例见表2-4。

表2-4 直接投入经营主体的资金类资产案例

资产投入方式	产业类型	案　例
先将财政资金、信贷资金等折股配置给贫困村、贫困户或贫困人口，形成其享有收益权的股金，并在不改变资金性质和用途的前提下，集中投入带动扶贫的龙头企业、合作社、经营大户等经营主体，赋予其资金使用权，实施产业项目	有机水稻种植	宁夏区青铜峡市五星村：政府资金和社会帮扶资金折股（资金830元折成1股）投入：（1）政府支出资金股（市农牧局和财政局）：股本金额50万元折合602股；（2）社会帮扶资金股：股本金额10万元折合120股
	粮食种植	黑龙江省克山县：国投资金3 034万元投入农机合作社
	夏橙种植	湖南省江永县：投资3 000万元投入公司，开发3 000亩夏橙基地。其中，省扶贫办投入财政专项扶贫资金1 000万元、省残联出资300万元、省扶贫基金会出资100万元、江永县政府出资600万元、参与企业出资500万元、贷款500万元
	毛葡萄种植	广西区都安县：项目总投入财政专项扶贫资金111.2万元，以户均4 500元的政策资金折股
	猕猴桃种植	湖南省花垣县十八洞村：投入财政扶贫资金300万元，按比例折股到农户和村集体，其中，公司控股51%，贫困户、一般农户、村集体经济分别占股25%、12.5%、11.5%（合计占股49%）
	茶叶种植	贵州省六枝特区新华镇：将2015年财政扶贫资金300万元入股到永兴种养殖农民专业合作社，建设2 500亩高山茶园，其中，合作社占股60%，覆盖农户占股30%，村集体占股10% 湖南省会同县：将财政和信贷资金1 200万元（其中，财政扶贫资金750万元，贷款450万元）委托给宝田茶叶有限公司，另外，投入产业发展资金240万元建设基础设施，开发2 000亩标准茶园基地，帮扶宝田等3个乡镇、16个村、1 427户、4 962名贫困人口，茶园产权归村集体和贫困人口所有
	蛋鸡养殖	河北省威县：项目总投资3.11亿元，其中，统筹扶贫资金3 840万元，通过国开行按1∶4杠杆率贷款1.536亿元，扶贫资金和信贷资金用于建造鸡舍和加工厂

（续）

资产投入方式	产业类型	案　　例
先将财政资金、信贷资金等折股配置给贫困村、贫困户或贫困人口，形成其享有收益权的股金，并在不改变资金性质和用途的前提下，集中投入带动扶贫的龙头企业、合作社、经营大户等经营主体，赋予其资金使用权，实施产业项目	鹅苗育雏	湖南省宜章县：贫困人口每人享有 6 500 元资金股权，资金来源由政府扶贫资金和小额信贷资金构成：一是政府扶贫资金按每人 1 500 元配股，在中央资产收益扶贫专项资金拨付到县的 649 万元中，400 多万元以股份形式配股给贫困户，剩下 100 多万元投入建设生产性基础设施。二是小额信贷资金配股，县农商行提供给每人 5 000 元免抵押、免担保、三年期的小额贷款
	酒业生产	贵州省盘县岩博村：村民贷款 2 000 万元、集资 1 071.2 万元，共出资 3 071.2 万元，占公司 55.1%的股份（其中村集体占公司股比 3%的股份）
	纺织生产	湖北省团风县回龙山镇：投入财政扶贫资金 40 万元（其中 53 户贫困户共占有 12.5%的股份），与该村康文纺织有限公司联合办厂
	乡村旅游	山东省淄博市博山区朱家庄南村：投入 126 万元发展“朱南百年杏园旅游景区”项目，其中，100 万元属于 2015 年中央财政专项扶贫资金，其中的 70 万元按每人 1 238 元折股给贫困人口 314 户，565 人，另外，村民以货币、设备、技术等方式自筹出资 26 万元

在种植业项目中，黑龙江省克山县、湖南省江永县和会同县，将资金直接投入或委托给公司。宁夏区青铜峡市五星村、湖南省花垣县十八洞村、贵州省六枝特区新华镇和广西区都安县，将资金折股配置到村到户后，整体投入公司。

在养殖业项目中，河北省威县将财政和信贷资金直接投入养殖公司；湖南省宜章县将财政和信贷资金折股配置到户后投入养殖公司。

在生产加工类项目中，贵州省盘县岩博村和湖北省团风县回龙山镇，先将资金折股配置到村集体再投入公司。

在乡村旅游项目中，山东省淄博市博山区朱家庄南村，将资金折股到贫困人口，再投入乡村旅游项目。

（二）投资理财

投资理财式资产收益扶贫是资产收益扶贫的一种创新方式，是将折股配置到村到户到人形成的货币形式的资产，作为理财产品整体投入金融部门或上市公司进行理财。

扶贫资金投资理财实施资产收益扶贫尚处于探索创新中，在资金使用和项目运行上受到较强的政策约束。在调研中发现，由于资金直接投资理财项目存在高风险，为保障公共资金安全，一些经济基础较好的基层政府将资金投入拥有资本实力、能够实现稳定收益的地方农村商业银行、小额贷款公司等国有金融企业进行理财。

探索公共资金投资金融公司，要在创新设置公共资金使用政策、有效保障公私良性合作、兜住投资理财风险的基础上，促进公共资金实现保值增值的项目实施目标，保证贫困户实现财产性增收的扶贫目标。为此，在收益分配环节，部分基层政府将公共资金投资地方国有金融公司，且双方约定公共资金“负赢不负亏”的底线和固定的收益分配率。

投资理财虽然在运行方式上较为直接，但是面临的市场风险也更大，作为纯粹的资本运作方式，无法带动人这一根本要素的参与，也无法帮助贫困农村和贫困主体积累资产。对于帮助贫困户增收而言，这一方式更具有保障性特点，因此，应精确瞄准丧失劳动能力和能力较弱的贫困人口，发挥其保障性作用和福利叠加效益，既要防止“养懒汉”，又要稳定保障难以依靠自身能力增收脱贫人口的基本收入和基本生活。

表 2-5　投资理财案例

资产投入方式	案　　例
首先将公共资金按比例配股给贫困村、贫困户或贫困人口，赋予其享有股份收益权，然后整体投资银行、小额信贷公司等金融企业，占有公司的资产股份	江西省井冈山市：将 1 000 万元资产收益扶贫试点资金和 2 048.5 万元产业扶贫资金共计 3 048.5 万元折成股份，在区分失能弱能户（“红卡户”）和具有劳动能力的贫困户（“蓝卡户”）这两类户的基础上，对全市 4 452 户建档立卡贫困户全覆盖，对于其中的 1 645 户失能弱能户（“红卡户”），每户扶持 1 万元股本，由市扶贫办、财政局发起建立的扶贫投资公司，将资金集中购买市旅游公司在市农商银行持有的股份
	贵州省六盘水市钟山区：借六盘山市农商行增资扩股的机会，投入 684 万元财政扶贫项目资金，为农村 542 户、1 086 名“两无”（无业可扶、无力脱贫）贫困人口，购买 400 万股原始股份，入股 2 家区级国有农业公司，通过农业公司入股六盘水市农村商业银行
	江苏省滨海县：国有集体企业县港城公司作为主体发起人，筹建利群农村小贷公司，公司注册资本 1.08 亿元，其中，投入帮扶资金 3 780 万元。县港城公司行使经营管理职责（委托利群小贷公司经营），村集体享有资金的所有权和受益权

在调研案例中（表 2-5），江西省井冈山市针对全市范围内的建档立卡贫困户，实施投资理财式资产收益扶贫项目。第一步是分类识别贫困户，将贫困户按劳动能力差异分为失能弱能户（“红卡户”）和具有劳动能力户（“蓝卡户”）；第二步是资金折股配置到户，将中央资产收益扶贫试点资金和地方产业扶贫资金整合形成的资金共计 3 048.5 万元，折股配置给 4 452 户贫困户。一方面，对于其中的 1 645 户失能弱能户（“红卡户”），每户扶持 1 万元股本；另一方面，对于另外 2 807 户有劳动能力户，每户扶持 5 000 元股本。对其中失能弱能贫困户的股本资金采用投资理财方式运作，由市扶贫办和财政局发起成立的扶贫投资公司，将股本资金统一购买市旅游公司在市农商银行持有的股份。在其他典型案例中，贵州省六盘水市将财政资金投入市农村商业银行，为农村“两无”（无业可扶、无力脱贫）人口购买农商行的原始股份。江苏省滨海县由国有集体企业县港城公司作为主要发起人，投入帮扶资金 3 780 万元，筹建农村小贷公司，项目由小额公司经营，村集体享受股份收益。

四、扶贫或其他资金投资形成生产设施和不动产

中共中央国务院关于《落实发展新理念加快农业现代化实现全面小康目标的若干意见》（中发〔2016〕1 号）中提出深化农村集体产权制度改革，明确将农村经营性资产折股量化到本集体经济组织成员，并探索将财政资金投入农业农村形成的经营性资产，通过股权量化到户，让集体组织成员长期分享资产收益。

投资形成生产设施和不动产，使用投入资金购买生产资料或建成不动产，形成实物资产，并将其入股或出借给经营主体，投入项目运营中，从而获得股权分红或租金收入。投资形成的经营性资产的实体形式，包括农业机械、生产厂房、商铺、农业配套设施（如田间道路、灌溉设施、大棚、储藏和风干设施）等。其中，在村内形成的设施，所有权一般归属村集体，从而形成固定存量资产，再将其以出租或入股的方式投入产业项目；异地形成的设施，一般位于市中心，项目收益能力较强，但是不能形成村内的存量资产，农户也难以参与项目。

投资形成的有形资产，主要包括建成基础设施和购置固定设备两种形式，一般由村集体对资产享有所有权和收益权，从而形成村级资产积累。

在粮食种植项目中，黑龙江省克东县安全村投建仓储库房和围栏，完善基础设施。江苏省响水县上王村和灌南县三口镇购置拖拉机、收割机、旋耕机等农机设备用于出租，设备的所有权归属村集体。

表 2-6　资金投建或购置形成设施资产案例

资产投入方式	产业类型	案　　例
投入资金建设固定基础设施或购置生产设施，主要有两种投入方式：一是先将资金折股到村到户，再投资购置或建设，贫困村、贫困户或贫困人口按股比享有股份收益权；二是将资金直接投入购建项目中，未折股配置股权给贫困主体，一般由村集体享有资产的所有权、收益权和分配权	粮食种植	黑龙江省克东县安全村：投入300万元扶贫资金建设3 000平方米仓储库房，整合发改资金建设2 000米围栏 江苏省响水县上王村：2014—2015年，县扶贫办投入75万元扶贫资金，购置5台大马力*拖拉机和2台收割机，交由上王村村集体无偿使用。村集体通过公开议标招租，将7台农机以租赁方式交由军正农机专业合作社使用（首次租期为5年） 江苏省灌南县三口镇：利用40万元省财政奖补资金，购置7台62.5千瓦（85马力）拖拉机和旋耕机，配送给尧河村农机合作社。产权属村集体，股权由乡镇管理出租给农机合作社经营
	生猪养殖	河北省赤城县黎家堡村：资金股份和土地股份入股养殖公司，股金折合140万元，占企业30%的股份。其中，整合扶贫资金100万元，投建养殖场周边的水、电、路等生产性基础设施，入股养殖场，设施归村集体所有
	种羊养殖	山西省静乐县：总投资4 600万元，其中，财政专项扶贫补助资金2 000万元，部门资金60万元，养殖户和企业自筹2 540万元。项目引进种羊10 138只（公羊438只、母羊9 700只）；人工种草10 000亩；建造1处种羊繁育场、8处示范养殖小区；改造20 000平方米个户分散羊舍
	蛋鸡养殖	湖北省麻城市河铺村：项目投入1 500万元，其中，扶贫资金99万元，兴建大型蛋鸡养殖场，建成7栋标准化鸡舍、1栋饲料仓库、2栋办公用房，养鸡场由兴胜生态养殖有限公司租赁经营
	鹅苗繁育	山东省成武县南鲁集镇：总投资182.5万元，资金来源包括：鲍楼、鲍田楼、大王庄、小王庄和范庄5个帮包村的省财政专项扶贫资金35万元（每村7万元），5个包帮村的一般转移支付62.5万元（每村12.5万元），省卫生和计划生育局配套资金65万元，菏泽市卫生和计划生育局配套资金20万元。该项目利用原畜宝兽药厂车间场地改扩建形成，同时在鲍田庄贫困村建设1处种鹅养殖基地
	黏豆包生产	黑龙江省林甸县东风村：投入扶贫资金120万元，新建600平方米黏豆包厂房，购置豆包自动成型机、蒸制机、制冷机等机器设备以及保温车、运输车等
	商铺出租	青海省兴海县：第一期共投资800万元（2014年完成投入），其中，藏区扶贫攻坚资金300万元、整合资金500万元。2015—2018年计划投入2 959.8万元，其中，金融贷款2 500万元、利息459.8万元。帮扶经贫困资质认定的7乡（镇）、23村，在县城商业街购置23套商业铺面，共计7 065.76平方米，其中，三层商业铺面2套、共407.82平方米，四层商业铺面21套、共6 657.94平方米。另外，配套购置卷闸门39套，建设扶贫标志牌及门头39个

* 马力为非法定计量单位，1马力≈62.5千瓦。

（续）

资产投入方式	产业类型	案　　例
	商铺出租	贵州省六盘水市钟山区：整合财政资金 5 140 万元，在中心城区为 44 个村每个村购置 100 平方米商铺。产权赋予村集体，交由区物业管理公司统一经营管理
	物流仓储	湖北省红安县陡步河村：整合资金 270 万元投入建设仓储基地，其中，投入 83 万元专项财政扶贫资金和 187 万元村级自筹资金
	乡村旅游	青海省共和县甲乙村：将 45 万元财政扶贫资金、按户均 6 500 元的标准折股到全村 70 户贫困户，用于购买桌椅、棉被等宾馆房间内部设施，以实物形式投入帮带大户经营的乡村旅游宾馆。贫困户对实物资产享有所有权和收益权

在养殖业项目中，资金主要投入于建设基础设施和购买种苗。河北省赤城县黎家堡村投建养殖场周边的水、电、路等生产性基础设施。湖北省麻城市河铺村投建标准化鸡舍、饲料仓库和办公用房。山东省成武县南鲁集镇将资金投至改扩建养殖基地。山西省静乐县除了建设种羊繁育场、示范养殖小区和改造个户分散羊舍，还投入于人工种草和引进种羊。

在食品生产项目中，黑龙江省林甸县东风村投资新建黏豆包厂房和购置生产性机器设备。

在商铺、物流仓储类经营性项目中，青海省兴海县和贵州省六盘水市钟山区整合资金为贫困村异地投建或购置商铺出租。湖北省红安县陡步河村整合资金投入建设物流仓储基地。

在乡村旅游项目中，青海省共和县甲乙村先将资金折股到户，然后整体购买宾馆房间内部的物品和设施，以实物形式投入大户在青海湖沿线经营的景区旅游宾馆。

第三章　资产收益扶贫的对象和受益机制

资产收益扶贫是一项扶贫创新机制。一方面，明确帮扶瞄准的对象是贫困农村中丧失劳动能力、劳动能力较弱而缺乏自主脱贫能力的特别贫困人口；一方面，强调提高扶贫资源的使用效率和减贫效果。同时，从资产收益扶贫项目中受益的对象还包括村集体、村民小组和一般农户。贫困农户从资产收益扶贫项目中受益可以分为直接受益和间接受益两种方式。贫困户资产通过参与项目直接受益的两种形式是获得固定（保底）收入和浮动收入。贫困户资产通过参与项目间接受益的两种方式：一是通过生产经营参与项目获得工资收入和农产品销售收入，二是通过参与项目增长知识和技能。在不同类型和不同方式实施的资产收益扶贫项目中，根据项目瞄准特别困难人群、创新政企合作、市场化运营、利益联结等特点，一些项目设计了风险兜底、动态调整和收益监督机制。

一、受益对象

（一）建档立卡贫困户中的失能和弱能贫困户

失能贫困户是指完全丧失劳动能力，不能参与生产和创收活动的建档立卡贫困户。贫困农村中丧失劳动能力、缺乏自主脱贫能力的特别贫困人口，处于收入贫困和能力贫困的陷阱中。弱能贫困户是指劳动能力有限、只能从事轻体力劳动的贫困户，主要是劳动人口年龄在 60 岁以上和家庭主要劳动力健康状况不佳的贫困户。这两种类型的贫困人口在总贫困人口中占的比重很大，而弱能贫困人口所占的比例又大大高于失能贫困人口。

资产收益扶贫的政策目标，就是通过明晰和赋予贫困主体资产权能，增加其资产积累，使特别贫困人口通过获得财政性收入叠加增收脱贫。调研发现，在农村地区因地制宜实施的产业类资产收益扶贫项目，可以通过带动农户生产、为农户提供工作机会、打通农产品销售渠道、引入新产业新技术等方式，促进农户参与和增收，其中，提供工作机会和打通农产品销售渠道对失能贫困户和弱能贫困户的帮扶作用更为明显。光伏投资理财式资产收益扶贫项目，更适宜帮扶完全丧失劳动能力的贫困人口。

（二）一般农户

资产收益扶贫在实践中并不具有明显的排他性，在农户层面，参与分配的群体往往不只局限于丧失劳动能力和能力较弱的贫困农户，一般农户也能在项目中分享扶贫资金带来的收益。如在四川省苍溪县猕猴桃种植项目中，全村农户都获得每户 3.85 股的扶贫资金配股，贫困农户每户拥有 9.52 股的股权，较一般农户可多收益 3 453.18 元。在河北省赤城县生猪养殖项目中，由于 2014 年年底项目村实现脱贫摘帽，2015 年扶贫资产产生的收益将向全村农户平均分配。

在实践中，产业项目发展收益一般惠及所有农户，而扶贫资源投入形成的资产则精准赋予建档立卡贫困户，贫困户因而能获得叠加收益，一些项目通过设计倾斜性政策，对丧失劳动能力的贫困户额外增加资产股权和实行叠加分配。让一般农户也能参与资产收益项目并从资产收益分配中获益，有利于减小村内矛盾、平衡利益关系，使项目得到村民的支持。

（三）村集体和村民小组

对于投入资产收益扶贫项目的农村集体资产和从外部输入的扶贫资产，基本上按资产的所有权、使用权和收益权三权分离运作。资产的所有权在村，使用权归经营主体，村集体和贫困农户享有收益权。村集体通过将其所有的自然资源、固定设施和资金通过折股或直接出租（借）方式，投入合作社、龙头企业、银行等经营性主体，获得村集体收入。激活村集体经济要素并参与分配，可以增加集体经济积累和促进基层组织建设。各省在规划实施资产收益扶贫项目中，一个共同的考量是借此盘活农村集体资源资产，增加村集体经济积累。另外，一些项目还确定了村民小组参与分配的比例。四川省苍溪县猕猴桃产业发展项目中，不仅向村集体配股，还为村民小组配股。

二、受益模式

资产收益扶贫作为一种创新的精准扶贫机制，强调扶贫效益到户。受益模式主要包括直接受益和间接受益两种方式，其中，贫困户获得的直接收益可以分为固定收益和浮动收益；间接受益包括贫困户通过参与项目获得工资收入、销售农产品收入和提升技能水平两个方面。

（一）直接受益

直接受益，是指经营主体直接利用自然资源、公共资产和扶贫资金取得的经营收益，按照约定获得的收益分配。直接受益可以分为固定收益和浮动收益两种方式。

贫困户获得直接收益的主要部分是财产性收入。财产性收入，是指住户或个人将其所拥有的金融资产和自然资源交由其他机构单位、住户或个人支配而获得的回报。财产性收入包括利息收入（不用扣除利息支出）、红利收入、储蓄型保险净收益和转让承包土地经营权租金净收入等。此外，财产性收入也包括实物形式的财产性收入，如他人以实物形式给予的转包土地经营权租金收入；村集体从集体红利中为村民代缴的新农合、新农保等。

1. 固定收益

设计固定收益模式的资产收益项目，一般通过出租或以借贷的方式，将扶贫资产投入项目，获得固定租金或按固定比例将利润向贫困对象分红。其特点是，收益不与大户、合作社或企业的利润挂钩，不承担经营风险，但收益水平较低。固定收益模式对项目监督机制的要求不高，不需要政府或农户参与监督企业的经营管理活动，固定收益案例见表 3－1。

表 3－1　固定收益案例

产业类型	案　　例
粮食种植	宁夏青铜峡市叶盛镇五星村：2014 年有机水稻种植合作社实现收入 80 万元，除兑付农民土地流转费 64 万元外，盈余 16 余万元。村上对盈余收入进行了再分配，其中，4 万元向社员每亩再分配 50 元、5 万元用于党内关怀基金、2 万元为留守儿童建设“七彩小屋”、3 万元救助村里的贫困户、9 800 元为全村 140 名 60 岁以上老人缴纳医疗保险
	黑龙江省克山县：2013 年起粮食种植合作社取消了土地保底金，把土地面积视为交易量进行分配。2014 年合作社将总盈余 4 920 万元的 75%按土地面积分红，现金入社、国投资金和上年计提公积金按 25%分红，每元回报率 0.226 元，入社农民亩均分红 854 元，人均分红 3 148 元
	黑龙江省克东县：粮食种植合作社将国投资金和自有资金收益（不含扶贫资产产生的利润）对社员按 8∶2 的比例、按入社土地面积和社员权益向社员进行分配；将扶贫资金投入产生的收益按利润的 50%向入社贫困人口平均分配。2014 年贫困户户均收入 2 758.62元

（续）

产业类型	案　　例
水果种植	广西区南丹县：发展猕猴桃种植产业，每年 10 月 1 日前付给贫困户投资所得 500 元，连续支付 14 年，共计 7 000 元
	贵州省六枝特区郎岱镇：在猕猴桃基地产生效益前，公司每年向农户支付每亩 600 元的保底收入；产生效益后，公司以其利润的 10%作为土地股份分红，农户按入股土地面积占全部入股土地面积的比例获得股金分红
	重庆市开县长沙镇：开发 1 500 亩红心猕猴桃基地，2014 年销售鲜果 4 万千克，实现销售总额 200 万元，创利 102 万元，盈利的 60%用于股权分红，总额达 60 余万元，77 名贫困户受益
	贵州省钟山区大河镇周家寨村：葡萄种植合作社对以土地经营权入股农户和以荒山荒坡入股的村集体采取“保底＋分红”的收益分配方式。在未产生效益的前 3 年或因遭受自然灾害无收益的年份，农户每年可获得每亩 600 元的保底收入，村集体可获得 5 万元保底分红；产生效益后，盈利按合作社 70%、入股农户 30%的比例进行分配，其中，村集体获得 5%的股份分红
	广西区都安县：发展毛葡萄种植产业，计划按效益的 20%分红，从丰产期开始连续分红 5 年。3 年后项目进入丰产期，预计户均年分红不低于 1 200 元
	湖南省江永县：夏橙种植项目产生效益后，收益按股分红，60%归贫困农户，35%归投资的企业，5%归乡村集体收入和提取公积金等
	贵州六盘水市钟山区月照社区双洞村：发展精品水果和花卉种植项目，在未产生效益前，每年每亩入股分红 600 元，由公司自主管理；产生经济效益后，纯收入分配公司占 60%、村集体占 20%、农户占 20%。村集体每年计划将纯收入的 20%用于扶持精准扶贫农户或其他普通农户
油茶种植	湖北省麻城市河铺村：2014 年村集体收取租金 6 万元。一是拿出租金 2.4 万元直接帮扶 24 户贫困户发展油茶种植，户均新发展油茶 6 亩，2014 年户均增收 2 000 元。二是利用租金收益 3.6 万元和上级拨款 10 万元新建了医务室、老年活动中心
茶叶种植	湖南省会同县：茶园收益的 70%归贫困农户所有，10%归村集体经济所有，20%用于购买宝田茶业有限公司开发管理、技术服务和产品营销等公共服务。据推算，正常收益后，贫困人口人均可增收 4 678 元（茶园基地收益分成 2 002 元，茶园培管、茶叶采摘及企业用工工资性收入人均 2 676 元），16 个村每个村集体经济收入约 10 万元
	贵州省六枝特区落别乡抵耳村：在茶叶种植项目的前 3 年，公司每年向抵耳村支付保底分红 8 万元；从第四年起，每年在上年向村集体分红的基数上递增 1 万元，最高至 15 万元。抵耳村将所得的股份收益按 4：6 的比例进行再分配，其中 40%用于发展壮大村集体经济，60%用于扶助本村贫困人口

（续）

产业类型	案　　例
繁育养殖	湖南省宜章县：发展鹅苗繁育项目，在合同期5年中采取“保底分配＋按股分红”分配方式：(1) 保底分配：1 200元/（人·年）；(2) 按股分红（基地养殖环节）：正常年份3 000元/（人·年）
	河北省赤城县黎家堡村：发展生猪养殖项目，企业将利润的30%向村集体分红后，村集体将分红总额的30%作为集体收入留存，统筹用于村内基础设施建设、维护及公益事业发展。2013年和2014年村集体分别实现收入4.5万元和8.7万元。另外，分红总额的70%向村内100户左右的贫困户按户平均分配。贫困户在两年中共分红2 877.21元
	山东省成武县南鲁集镇：发展鹅苗繁育项目，合作社每年从经营效益中向5个帮包村共支付35万元租金：其中20万元作为5个帮包村的集体收入，每村4万元；10万元用于5个帮包村的特困户补助，每村2万元；4万元用于支付项目场地（育雏和孵化基地、种鹅养殖基地）租赁费；1万元用于项目管委会办公经费
乡村旅游	湖北省十堰市张湾区斤坪村：乡村旅游合作社以700元/（亩·年）支付农民土地租金，为保障农民权益，同时按2 300元/（亩·年）对农民进行保底分红
	重庆市石柱县石家乡：乡村旅游公司按借款108万元财政资金的固定比例10%，每年向合作社缴纳10.8万元占用费。在10.8万元的占用费中，40%按照农户与合作社的商品交易量以及务工收入为基础，按照比例进行分配；50%作为农户固定分红，平均分配给36户参与的贫困农户；10%留作合作社相关业务的经营管理费用。2014年36户贫困户项目分红在1 500～4 600元/户
厂房出租	江西省宁都县：厂房出租租金收益不低于扶贫资金投资的10%。收益统一收缴建立宁都县扶贫救助专项基金，对极度贫困“三无”人员和遭遇突发事件、意外伤害、重大疾病或其他特殊原因导致生活、医疗、教育、住房、就业等家庭和个人给予托底线、应急性救助
	江西省吉安县：厂房出租租金收益不低于扶贫资金投资的10%，每年200万元的收益全部用于全县在档的散养五保户和纯低保户，实现长期有效的兜底保障

贫困人口从资产收益扶贫项目中获得固定收益是最常见的一种收益方式，主要通过从项目经营利润中直接获得固定金额支付的收入和通过固定股份比例获得分红收入实现。

在种植业项目中，农户以土地经营权资产投入项目取得的固定收益，包括土地流转按面积取得固定租金收入和土地经营权股份按固定比例取得分红收入。各类资金投入项目获得的固定收益，一类是折股到户到人的资金按固定股比取得分红收入，一类是未折股给贫困人口的资金实现的投资收益先支付给村集体，再由村集体按比例或分块将村集体收入向贫困人口进行分配。

由于种植类项目同时面临自然风险和市场风险的挑战，并且农产品需要必要的生长时间，决定了种植类项目不能在短时间内获得收益和向贫困户分红。为保障贫困人口的资产投入能及时获得收入，一些项目设计了“实现效益之前固定支付+实现效益之后按股分红”相结合的收益分配机制。在项目实现效益之前向贫困户支付固定金额的收入，通过保底和提前支付，保障贫困人口获得基本收入。

在养殖业项目中，将资金折股到村到户投资给经营主体取得的固定收益，一般通过贫困人口和村集体按固定股比从经营利润中获得分红来实现，一些项目还设置了保底分红比例。将资金投入建成固定设施出租获得的固定收益，一般由企业向固定资产的所有者即村集体支付固定租金或保底租金，村集体再将一部分租金收入分配给村内的贫困人口。如湖北省麻城市河铺村依托该村拥有的种植和养殖产业，由村集体将投资建成的蛋鸡养殖场出租，收取租金 6 万元，再从租金收入中拿出 2.4 万元，帮扶 24 户贫困户（户均 6 亩）发展油茶种植，贫困户 2014 年依靠油茶种植均增收 2 000 元。

在乡村旅游项目中，村集体通过其享有收益权的荒山荒坡经营权股份、资金股份、生物质资产股份（如银杏树），按固定股比从项目收益中获得分红。如重庆市石柱县石家乡将财政资金出借给乡村旅游公司收取资金占用费，再将收入按比例向贫困户分红。在一些以土地资源投入的乡村旅游项目中，以土地面积为标准，农户既可获得固定租金，又可按项目的经营效益获得保底分红收入，从而增加了土地资产的财产性收入。

2. 浮动收益

贫困村和贫困户的资产投入资产收益扶贫项目获得浮动收益，主要有 4 种方式。一是贫困户直接参与项目获得生产经营性收入；二是事先设计浮动分红机制，使贫困主体在不同的年份、按不同的比例获得分红；三是经营主体在提供生产性服务中减免贫困户的服务费用；四是经营主体向贫困户免费提供生产性物资。

在浮动收益机制中，针对贫困村和贫困户的收益分配比例，一般需要在综合考量项目经营环境、扶贫资产占股比例、投资对象经营状况、市场风险情况等因素的基础上进行设计。这对于政府把握好在同企业合作中的角色定位和对项目可行性等事前把关上提出了更高要求。政府能否有效地甄别收益率高且波动性小的项目、能否通过灵活使用政策工具为扶贫资金获得更大的占股比例，成为影响项目运营和实现扶贫成效的关键。同时，浮动收益机制的设计，要求在项目中配套设置风险兜底机制和监督机制，浮动收益案例见表 3-2。

表 3-2　浮动收益案例

产业类型	案　　例
粮食种植	江苏灌南县三口镇：将财政奖补资金作为帮扶对象户参加农机合作社或其他农民经济合作组织的入社资金，用于购买农机、农资和建设农业设施等。帮扶对象户通过务工、费用减免、股权分红等获取收益
	江苏响水县上王村：合作社在为村内低收入农户提供插秧、秸秆还田、收割等多个环节的农机服务过程中，采取特困低收入户免费耕种、一般低收入户费用减半的方式对村内贫困农户进行补贴，一般低收入农户核减部分机耕费用后，其成本仅为 290 元/亩，较一般市场价节约 110 元/亩
猕猴桃种植	广西南丹县：对有劳动能力、有意愿参与猕猴桃种植产业项目的贫困户，无偿提供种苗、肥料、搭架柱、搭架线等物资
光伏	安徽金寨县：分户式光伏电站户均年收益约为 3 000 元，收益率为 12.5%。项目总的直接收益 2 002.8 万元
	江西石城县：按上网电价每度 1.2 元计算，公司按第 1～5 年每年 15%、第 6～25 年每年 12%的固定利率支付利润，然后政府按总利润的 75%直接分红给贫困户，剩余 25%的利润由乡政府成立公益金统筹安排
	甘肃省通渭县马营镇：分户式光伏电站户均年收益约为 3 000 元
节水灌溉设施	贵州六盘水市大桥社区：村内节水灌溉设施入股管水协会，全村统一按人畜饮水 2.5 元/吨、灌溉用水 1 元/吨收费，管水协会将除去维修管护成本后获得的利润的 80%支付给村集体
乡村旅游	贵州盘县妥乐村：树木参与乡村旅游项目获得股份分红收入，对于村集体入股当地旅游开发公司的 1 451 棵古银杏树，农户按占股比例从旅游门票中获得分红
	贵州水城县玉舍镇海坪村：村集体从野玉海国家山地旅游度假区彝族风情街项目中，获得 30%的股份分红收益，再将收益的 50%二次分配给 780 名村民，其余红利用于支持发展村级集体经济和救助救济贫困户
异地置业（城区停车场）	贵州六盘水市钟山区：将贫困户享有收益权的信贷资金，整体投入修建城市停车场，贫困户按第一年 8%、第二年 10%、第三年 12%、第四年 8%的比例享受收益。第五年贫困户贷款到期时，物管公司按 1∶1.5（即每人 7.5 万元）退出贫困户贷款额，由农户个人偿还贷款，后期不再享受停车场收益分配
金融	江苏滨海县：帮扶资金入股小额信贷公司，第一年按股本金的 10%分红，第二年及之后按股本金的 12%分红。项目于 2013 年 8 月底开始实施，2013 年实现分红 126 万元，2014 年实现分红 453.6 万元

第一，贫困户直接参与获得经营收入的项目，主要是光伏项目和经营性灌溉设施项目。在光伏项目中，安徽省金寨县和甘肃省通渭县马营镇实施的光伏

项目中，贫困户从分户式光伏电站发电收益中获得 3 000 元左右的年收入。贵州省六盘水市大桥社区将灌溉设施入股管水协会，管水协会将从用水缴费中产生的利润按比例支付给村集体。

第二，通过事先设计浮动分配机制保证贫困户获得浮动分红，主要采取分年度、按比例调整的浮动分配机制，贵州省六盘水市钟山区将贫困户信贷资金统一投入城市停车场项目，项目设计贫困户在前四年分别按第一年 8%、第二年 10%、第三年 12%、第四年 8%的浮动比例享受收益。江苏省滨海县将帮扶资金入股小额信贷公司，设计项目第一年按股本金的 10%分红，第二年及之后按股本金的 12%分红。江西省石城县实施的光伏项目，将浮动分红和固定分红相结合，浮动分红率不仅取决于上网电量，而且设计按第 1～5 年每年 15%、第 6～25 年每年 12%的利率向政府统一支付利润，再由政府将利润按固定比例向贫困户分红。

第三，经营主体在提供生产性服务中减免贫困户的服务费用，贫困户减少生产成本获得浮动收益。在江苏省灌南县三口镇，农机合作社向帮扶对象提供农机服务并减免费用；在江苏省响水县上王村，合作社在为村内低收入农户提供插秧、秸秆还田、收割等多个环节的农机服务过程中，采取特困低收入户免费耕种、一般低收入户费用减半的方式对村内贫困农户进行补贴。

第四，经营主体向贫困户免费提供生产物资。广西区南丹县对有劳动能力、有意愿参与猕猴桃种植产业项目的贫困户，无偿提供种植苗、肥料、搭架柱、搭架线等物资，减少了贫困户的生产成本。

（二）间接受益

贫困户除了以其资产投入资产收益扶贫项目获得直接收入，还能从一些项目中间接受益，主要包括直接参与项目获得工资收入、产品销售收入以及增长知识和技能。

1. 农户直接参与，增加工资收入和销售产品收入

在贫困村村内因地制宜发展特色种养产业、农产品和食品加工产业、乡村旅游项目等，将市场经营主体和市场机制延伸到了贫困农村，投入建成的生产性固定设施增加了村集体的实物资产、发掘了特色农产品激活了资源、打通了农产品销售渠道增加了农户销售收入。与此同时，就地发展产业，能在种养基地、产业园区、加工厂房、乡村旅游农家乐中，为贫困户创造“饭碗”，特别是能为年龄大、劳动能力较弱的贫困户提供体力要求较轻的岗位，使贫困户通过就业获得工资性收入。工资性增收既能有效助力贫困户增收脱贫，又能促进贫困人口积极参与和弱化“等、靠、要”的消极思想。此外，在村内发展产业项目，也能吸引部分农户回乡就业，有利于改善农村留守儿童缺少照顾、留守

老人赡养缺失等社会问题，满足了农民的家庭需求，有助于提高农户的生活质量，增添农村的人气。

贫困户从资产收益扶贫项目中间接受益，主要包括参与劳务获得工资收入、参与经营获得农产品销售收入或通过享受经营主体提供的产品帮销服务，间接受益案例见表 3-3。

表 3-3 间接受益案例

产业类型	案　例
果蔬种植	陕西大荔县：在现代农业产业扶贫园区项目中，贫困户除享受股金 6%的年终分红外，公司无偿向贫困户提供技术物资服务和产品帮销
猕猴桃种植	四川苍溪县兰池村：猕猴桃种植基地雇佣村内弱能贫困人口（60～70 岁的老年人口）参与劳务。能力较弱的老年劳动力每天工作 8～9 小时，主要从事锄草、套袋、包装等轻体力劳动。每天收入 60 元，年均工作 100 天，可获得 6 000 元/年收入。预计全村一年劳务收入可达到 300 万元
乡村旅游	青海省共和县甲乙村：每户乡村旅游经营大户带动 12 户贫困户，旅游旺季时大户雇佣全部 12 人、淡季时雇佣 6 人管护房屋和设施。贫困户在宾馆和餐馆打工的月工资为 2 000元，按当地旅游旺季 5 个月工作时间计算，年工资收入可达 1 万元
	重庆市石柱县石家乡：农户通过在石龙山庄务工获得工资收益。石龙山庄将每年所需 40 多个用工岗位优先雇用贫困户务工，贫困户主要从事保洁、保安、接待等工作，工资 1 500～1 800 元/月，2014 年用工量为 14 人，平均务工收入 8 000 元。贫困户家中的在校大学生可以在假期申请到公司打工，2014 年共有 11 个贫困户家庭学生在石龙山庄打工 3 个月，平均收入 5 000 元
纺织生产	湖北省团风县回龙山镇：纺织公司带动部分贫困户就业
农贸市场摊位出租	江苏淮安市淮安区钦工镇：农贸市场通过出租摊位收取租金，年实现租金 18 万元，2013 年和 2014 年 2 年租金 36 万元分红到户到人，人均分红 176.4 元。同时，摊位出租优先考虑建卡低收入农户，为 68 个帮扶对象户提供了摊位和实现了就业机会

贫困人口参与劳务，能取得就业增收和提高能力的双重效益，其中通过获得工资性收入的增收效果更明显。农业种植类、加工类、服务类等不同类型的项目都能吸纳贫困户参与务工。在四川省苍溪县兰池村，村内留守的 60 岁以上、劳动能力较弱的老年贫困人口，受雇进入猕猴桃种植基地，从事锄草、套袋、包装等轻体力劳动，日工资收入 60 元，年均工作 100 天，可获得 6 000 元/年收入，有效带动了贫困户特别是劳动能力较弱类型的贫困户参与；项目预计全村一年劳务收入可达到 300 万元，工资性收入效果明显。乡村旅游不仅是在一定区域实施的整体性项目，而且能够在生产、生态、生活上产生综合效

益。在市场效益稳定的前提下，贫困户除了能从投入集体土地、资金、房屋等多种资产产生的分红收益中获益，而且自身能通过参与服务业获得工资收入。如青海省共和县甲乙村地处青海湖景区沿线，该村贫困户在旅游旺季进入大户经营的旅游宾馆和餐馆打工，按月工资2 000元计算，在旅游旺季打工的工资收入可达1万元。在重庆市石柱县石家乡，旅游公司将40多个用工岗位优先提供给贫困户，贫困户主要从事保洁、保安、接待等工作，月工资1 500～1 800元。在湖北省团风县回龙山镇，当地的纺织公司带动部分贫困户就近就业。

资产收益扶贫项目不仅能为贫困户创造和提供工作岗位，而且能带动贫困户自主经营，使其通过家庭自主经营取得产品销售收入。在农家乐等乡村旅游项目中，游客食物消费“就地取材”，贫困户生产的农产品订单供应，解决了销售渠道问题。在重庆市石柱县石家乡，贫困户向农家乐按需供应农产品，促进了农户的生产积极性，解决了农产品的销路问题，使农户就地获得销售收入。一些资金投建形成固定设施的经营性项目，为贫困户参与项目自主经营提供了便利条件，在江苏省淮安市淮安区钦工镇，扶贫资金投入建设农贸市场，项目向68个帮扶对象户优先出租摊位，鼓励其自主经营。

另外，一些项目还为贫困户提供产品帮销服务，如在陕西省大荔县现代农业产业扶贫园区项目中，公司无偿向贫困户提供技术物资服务和产品帮销，减少了产品流通成本，从而间接增加了销售收入。

2. 技术溢出效应明显，贫困农户获得一技之长

农户通过在资产收益项目中务工，接触到了现代农业管理和旅游服务等技能，有助于其自身劳动技能的增长，促进了贫困户自身能力的发展。农户在企业或合作社就业不仅可增加工资性收入，而且技能的增长和市场意识的培育，在其脱贫过程中发挥了更为重要的作用。同时，企业引入新产业和新技术，帮助农户扩展了生产范围，拓宽了增收渠道，技术溢出效应十分明显。

在贵州省钟山区月照社区双洞村乡村旅游项目中，前3年农户以自家房屋入股旅游公司，并能通过参与其中打工学习；3年后公司退出经营，农户通过学到的经营管理和技能能够自主经营。

三、主要机制

（一）风险兜底机制

项目建立有效的风险兜底机制，一方面是为了保障项目资金的安全，另一方面有助于保障农户稳定而持久的收益水平。在调研中发现，由于大多数资产收益扶贫项目尚处在探索阶段，未产生实际收益和明显效果，一些项目也并未提出切实可行的收益保障措施，从而存在贫困农户一旦遭遇风险而难以保障获得稳定收益的问题。虽然部分农业企业通过购买农业保险为项目设置风险担保机制，但鉴于其补偿金额十分有限，难以完全对冲风险、保障贫困农户稳定获取收益。从资产收益扶贫实施的目标而言，投入项目的扶贫资金，应在保值的基础上实现稳定增值，从而保障向贫困群众持续分配。但是，目前风险担保机制缺位或尚未健全，难以保证实现政策目标。资产收益扶贫需要完善风险兜底机制有以下 3 点必要性：

一是直接投资的回报率较低，增收效果不显著。现有资产收益扶贫项目大多依托于县域特色产业，如猕猴桃种植、食用菌、农业机械化服务、乡村旅游等，这些产业在贫困地区的技术和管理水平不高，投资回报率有限。加之现有扶贫资金投入总量有限，户均投资水平低，进一步限制了项目的实际收益水平，难以帮助贫困农户实现稳定脱贫的目标，对于不能获得间接收益的失能贫困户来讲更是杯水车薪，难以明显改善其生活状况。

因此，一方面，在产业基础上，地方政府应立足市场环境，在特色产业规划、优质企业选择上把好关；在资源禀赋条件较好的贫困地区，多元化规划和发展特色优质产业，能够为贫困户多路径增收创造条件。另一方面，在权益配置和收益分配环节，为有效保障贫困户达到增收脱贫的标准，需要在加大资金投入、促进产业可持续发展的基础上，设置有利于贫困户增收的倾斜性配置机制。

二是部分项目的投资周期较长，一段时间内无法实现收益。在部分项目中，扶贫资金投入周期相对较长的传统农业产业和建筑类项目中，扶贫资金在投入后的一段时间内，收益水平极低，甚至没有产生收益。扶贫资金投入产业后，项目收益率却迟迟不能达到合理水平，意味着企业、大户等投资对象以低利率，甚至无息占用了扶贫资金进行投资而无须支付成本，违背了资产收益扶贫的政策初衷。

因此，对于实施如传统农业、建筑出租等收益期较长的扶贫项目，应在资金投入项目尚未实现收益期间，设置收益保底分配机制，保证贫困户提前获得基本收入。另外，就地区经济整体布局而言，地方政府合理规划和打造“长中短”产业组合和“产加销”产业链条，更能发挥产业扶贫助力贫困户增收的叠加效益和综合效益。

三是项目面临多种风险，收益不稳定。以入股分红方式投资产业的项目，均面临着市场风险、自然风险、道德风险、法律风险等多方面的风险因素。这一问题在农业产业类项目中最为明显，如河北省赤城县的生猪养殖、四川省苍溪县的猕猴桃种植等项目。项目面临的自然风险可能与贫困农户自身的生产经营风险同时暴露，从而导致贫困农户经营性收入水平下降的同时，其资产性收入也显著减少。此外，对于浮动收益的项目，其面临的市场风险也会导致投资回报存在较大的不确定性。

由于资产收益扶贫是在市场化运营产业的条件下实施的，因而基层政府在产业选择中，有必要在事前充分考量市场环境和产业前景，提前认识和防范市场风险。对于实施传统产业类型的资产收益扶贫项目，要在遵循自然规律和立足自身条件的基础上，发展地方优质特色产业，并通过探索配套农业保险政策，减小自然风险可能给贫困户造成的损失。对于企业可能存在的经营收益不透明等道德风险问题，应探索设置公共部门和贫困户代表共同参与项目监督的机制，实现企业带动型资产收益扶贫项目的信息透明化。基层实践要求引导政策创新，由于资产收益扶贫项目中涉及创新农村土地、财政资金等公共物品的投入和使用，在实践中存在一些同相关现行法律法规和政策相冲突的问题，需要进一步明确顶层设计，及时出台配套政策，为基层大胆创新、放手实施资产收益扶贫项目提供正向激励。

资产收益扶贫项目实施的目标是保障特别贫困农户获得稳定的财产性收益，这就要求设计切实可行的收益保底机制，以保障贫困农户能够在项目资产投入后尽快获取合理且稳定的收益。这就要求，一方面严格选择实施项目，集中扶贫资金投入发展生产周期较短、见效较快的项目；另一方面通过政策性保险和设置担保机制，减小风险损失。

对于有条件的项目应设计浮动收益机制，使扶贫资金收益与经营主体的经营利润挂钩，提高贫困农户增收和减贫的效果，使其生活水平得到明显改善。设置浮动受益机制，可以借鉴江苏省无锡市阳山镇、安徽省宿州市等土地信托项目案例中已经较为完善的“保底+浮动”收益模式，可考虑在农户保底收入的基础上，允许其参与土地增值收益分配，从而最大限度保障农户获得资产收入。针对不同类型的项目，设计“保底+浮动”收益机制应有所差别。对于稳定且易于核算的项目，可以采用“低保底+高浮动”收益的分配机制；而对于风险较大和不易核算的项目（如农业项目），可以采用“高保底+低浮动”收益的分配机制，风险兜底机制案例见表 3-4。

表 3-4　风险兜底机制案例

产业类型	案　　例
苹果、大榛子种植	山东省沂源县北流水村：一是运营获利后，按收益的 10%归村集体、35%归入股的残疾人和贫困人口、55%归公司和基地的形式进行分红；二是对于因年迈、重病、残疾等原因丧失劳动能力的村民，合作社支付双倍土地转让金予以照顾

（续）

产业类型	案　例
生猪养殖	河北省赤城县黎家堡村：村集体与养殖公司达成“负赢不负亏”的基本意向。在企业盈利年份，按照占股比例向村集体分红，实现资产收益；在企业亏损年份，不要求村集体承担损失，仅停止分红
“猪沼菜（果）”一体化农业	重庆市涪陵区营盘村：对于农户将土地经营权入股现代农业示范园形成的资产，园区将税后利润的60%用作风险基金和扩大再生产、40%用于年终一次性分红的股金。对于农民入股的土地，无论公司盈亏，每年年初，先期支付入股农民每亩400千克稻谷（按当年市场价计价）；若公司年底盈利，可继续分红

产业扶贫面临着自然、市场、道德等多重风险挑战。在资产收益扶贫项目设计中，政府和经营主体约定，一方面，贫困主体和公共资产不承担经营亏损的责任，实现公共资产保值目标；另一方面，贫困人口能够获得稳定的财产性收入，实现了保底收入目标。在重庆市涪陵区，农民入股现代农业示范园，公司无论盈亏，在年初即按当年稻谷的市场价格，先期支付给贫困户土地租金。在河北省赤城县黎家堡村，村集体与养殖公司达成“负赢不负亏”的协议，约定在经营亏损年份，村集体不承担责任，仅停止分红。

除了设计风险兜底机制应对项目经营风险，针对返贫风险较高的这一丧失劳动能力的特别困难群体，一些项目也相应设计给予其倾斜性帮扶的保底分配措施，保障其获得基本收入和维持基本生活。在山东省沂源县北流水村，种植合作社向因年迈、重病、残疾等原因丧失劳动能力的村民，支付双倍的土地转让金，着重增加这一群体的财产性收入。

（二）动态调整机制

贫困户脱贫与否是一个动态过程，贫困户既可在帮扶措施的引导下自主脱贫，有可能因遭遇家庭变故或经营风险再度返贫。因此，资产收益扶贫项目作为一项针对性较强的帮扶措施，因对贫困户进入和退出项目监理动态调整机制。具体而言，贫困人口和各类资产之间的权属关系，特别是在当贫困户脱贫后，其享有收益权的资产及其权益应如何处置，应予以明确。

为了扩大资产收益扶贫的覆盖面，为保证扶贫资金的公平和有效使用，对资产收益扶贫项目中帮扶对象也应实施动态管理，定期将脱贫农户调整出列，同时纳入新的帮扶对象。从资产赋权和增加财产性收入的角度而言，将资产的所有权和收益权固定配置给贫困户，有利于其稳定脱贫。但从扩大覆盖面的角度而言，不将所有权和收益权固定配置到户，则有利于后期权益的调整。这一矛盾主要应通过增加资产收益扶贫的投入力度予以解决。

在资产收益扶贫项目调研中发现，受益贫困户的动态调整机制尚未完全建立，使得在资金总量有限的情况下，项目帮扶范围有限。一些地方提出了“帮扶年限”概念，在对某贫困户帮扶一定时间后，会将其调整出受益对象，再加入新的贫困户；一些地方则按照收入标准对贫困户进行定期调整。但也有一些项目尚未建立动态管理机制，对贫困户脱贫后的产权和收益权如何处理缺少明确的规定。

在调研案例中（表 3－5），对于动态扶持贫困户，主要通过转让扶贫股权、分批次滚动扶持、设置帮扶年限、退出标准、约束性条件等设计实施。在重庆市开县长沙镇猕猴桃种植项目中，设计将配置到户的资金股权由脱贫户转让给其他贫困户；在黑龙江省青冈县益发村，村集体将养牛项目的分红资金分批次滚动帮扶贫困户，计划每年实施 120 户；重庆市石柱县石家乡为激励贫困户参与乡村旅游早日脱贫，设计每个贫困户的帮扶期限为两年；贵州省六盘水市钟山区投资理财项目，设计了贫困户退出的收入标准，规定当贫困人口年收入超过 2 300 元时退出。

表 3－5　动态调整机制案例

产业类型	案　　例
猕猴桃种植	重庆开县长沙镇：扶贫资金按每户 2 000 元标准，配股给 20 家深度贫困户，实行动态管理，获得配股的贫困户在项目带动脱贫后，原则上将股权转让给新的贫困户
和牛养殖	黑龙江青冈县益发村：项目村每年按固定资产投资额的 12%进行分红（年约 60 万元），3 年为一个合作期，期满依据经营状况、市场行情重新议定分红比例。项目村所得分红资金通过分批次、滚动运作的办法，每年实施 120 户，每户补助标准 5 000 元，主要用于贫困户购买基础母牛发展和牛养殖，企业与贫困户签订回收合同，免费提供牛冻精和配种，牛犊到 6 个月后，企业以高于普通肉牛市场价 20%的价格进行回收，每头牛可实现纯效益 8 000 元，比普通肉牛增收 2 000 元
乡村旅游	重庆石柱县石家乡：对参与项目的贫困户实行激励淘汰机制，每个贫困户帮扶期限为两年。对于通过参与项目家庭收入水平达到脱贫标准的农户，不再纳入扶持范围，由其他贫困农户替补参与项目；对于达到两年帮扶期仍未脱贫的农户，转由社会保障进行托底，重新选择有发展意愿和生产能力的贫困户参与项目；对于生产过程中不按照企业标准生产、举家外出或搬迁、不服从合作社管理以及有违法犯罪等行为的农户，一律取消入社资格，不再享受扶持政策；对于不按照订单收购、克扣贫困户资金、压价收购，或经营不善、效益欠佳的龙头企业，政府可以无条件收回引导资金
投资理财	贵州六盘水市钟山区：将 684 万元财政扶贫项目资金入股市农村商业银行获得的投资理财收益，建立资金变股金分红退出机制和动态管理机制，规定农村贫困人口年收入超过 2 300 元时，无偿退出其收益分配权，每年进行一次审核

资产收益扶贫项目既要助力贫困户早日脱贫，又要预防其返贫。因此，项目在完善贫困户退出机制和动态调整的同时，也要设计预防返贫的相关机制，通过完善“扶上马，送一程”的跟踪监测措施，保证贫困户能够稳定脱贫。

（三）收益监督机制

扶贫资金投入企业、大户或合作社后，如果对投资对象的生产经营行为、财务状况等缺少有效监督，就存在企业、大户和合作社侵占贫困户利益的道德风险。在入股分红、浮动收益分配机制下尤其应当重视这一风险问题。企业的生产经营状况，尤其是财务信息，与投资分红密切相关，而现有案例中的投资对象多为中小企业和合作社，往往面临内部控制不严、外部监管不足的情况，如果在项目中难以形成有效的监督机制，则可能出现企业、大户隐瞒或伪造财务信息、侵占扶贫资金收益的问题。

在调研中发现，一些地方监督机制缺位。在一些产业项目中大户存在隐瞒真实利润或减少分红的道德风险，对进一步推动项目发展造成障碍。在一些产业项目中，虽然已经建立监督机制，如派专人进驻企业参与日常生产经营管理活动，但负责执行的人员存在缺乏专业的财务知识等能力不足的问题，机制有效性仍然存疑。

对于采取浮动分红方式的企业，应当建立有效的企业利润监督机制。农村集体经济组织要制订经成员认可且符合相关财务制度规定的收益分配方案，明确分配范围、顺序和比例，并将其纳入村务公开的范畴，广泛接受成员监督。收益分配方案应明确建档立卡贫困户优先享有分配权益，并规定不得以任何方式被截留、挪用、扣减收益。建档立卡贫困户额外享有的集体股权的收益分配权益，应规定在其稳定脱贫后有序退出，由农村集体经济组织重新分配，已脱贫农户享有与本集体经济组织其他成员平等的收益分配权。

表 3-6　收益监督机制案例

产业类型	案　　例
猕猴桃种植	四川苍溪县兰池村：村社的股权量化收益统一纳入“村财民理乡代管账户”，按照民主理财、民主管理、民主监督的原则，实行资金管理、银行账户、报账程序、公开账务、档案管理“五统一”，按程序审批，接受县财政局、县农业局和镇政府的监督，保障资金安全，全程公开透明
生猪养殖	河北赤城县黎家堡村：成立村监督委员会，对村内资产收益的使用和分配进行监督管理，保障农户利益。村委会安排专人常住养殖场参与监督，主要监督企业生产成本、销售情况等

资产收益扶贫中的收益监督机制案例见表 3－6，它主要以在管理上实施部门监督、村民参与过程监督、财务上设置专户并公开信息等方式实施。在四川省苍溪县兰池村猕猴桃种植项目中，在财务管理上设计“村财民理乡代管”账户，公开财务信息。在河北省赤城县黎家堡村生猪养殖项目中，成立村民监督委员会参与监督项目，委员会对村内资产收益的使用和分配进行监督管理。

第四章　资产收益扶贫的适用条件

资产收益扶贫虽然扩宽了原有的扶贫项目范畴，但是并不意味着可以没有任何限制的开展。相反，从原有的“农户-政府”模式走向“农户-政府-市场”模式使得项目开展必须要充分考虑市场约束。想要借助市场力量实现扶贫就必须将资产、收益、政府、农户、市场主体等多个要素根据当地的市场条件进行有序安排，才能实现最终的项目成效。

总体来看，资产收益扶贫项目的适用条件取决于资产条件和市场状况。不同地区的资源禀赋决定了以何种资源投入项目。如我国西部地区的光伏资源、西南地区的水电资源等。除了资源种类，资源丰富程度和开发难度也是影响资产收益扶贫项目能否实现、以何种方式实现的重要条件。市场条件则最终决定了资源可以在多大程度上转化为收益，帮助贫困农户收益。在不同时间段，市场对资源的需求不同，资源的收益率也有所区别，因此，在项目选择始点和项目存续期间的市场变化会对项目的发展产生重要的影响。

从各地资产收益扶贫案例的实施情况来看，资产收益扶贫项目的成功是需要一些前提条件的。并且对不同类型的资产收益扶贫项目，需要的条件也不完全相同。因此，资产收益扶贫项目的发展必须因时间和空间而变，在保障实现项目目标、坚持项目原则的前提下，以收益度和安全度为标杆，寻找最优项目方案。

根据现有案例，资产收益扶贫项目可按照投资对象分为农业产业化类项目、自然资源类项目和投资类项目。农业产业化项目将资产化的各类资金资源投向农业生产，包括种植业、养殖业等多种产业；自然资源类项目主要是充分利用当地自然资源，将其资本化并产生收益的项目；投资类项目的投资标的为实物资产或货币资产。

一、农业产业化资产收益扶贫项目

农业产业化资产收益扶贫项目可以分为两类：一类是在贫困村引进新的农业产业项目，如河北赤城的规模化生猪养殖，四川苍溪县猕猴桃种植和江苏滨海县的食用菌种植等。第二类是投资促进现有大田作物的专业化生产，如江苏响水的以大型机械耕种为基础的联耕联种项目，黑龙江克东县的农业机械合作社项目。

新型农业产业项目有助于在贫困地区培育新的经济增长点，扩展贫困农户的知识和技能，对其自我能力的提高有重要意义。但这类项目的发展有许多前置性的要求。首先需要有专业化生产的地理、气候、环境、水资源和交通等基础设施条件，同时要尽可能靠近市场。在已有调查中，大量的高盈利项目为水果、食用菌等易腐烂的高附加值产品，这对贫困地区的交通条件提出了更高的要求，只有靠近市场、运输成本低廉才能吸引企业投资。农业产业的发展首先要依赖自然环境，同时农业基础设施建设成为决定市场主体前期投入的重要因素。我国有大量贫困村，尤其是西北和西南贫困地区，往往面临着土地贫瘠、水资源不足、农业基础设施落后的制约。在这种条件下发展新的农业产业意味着市场主体前期的大量投入和长时间的项目筹备。这将使得项目本身的经济吸引力降低，同时延长项目实现效益的过程。如果政府在项目参与中对基础设施也进行配套建设，那么这类项目会面临资产专用性过强，项目结束难以转型利用的问题，可能会造成资产的流失。此外，企业愿意在贫困地区投资也是出于对廉价劳动力的追求，新型农业产业进入贫困地区还面临着劳动力培训等障碍。以上这些条件不仅仅是市场主体进行项目投资的重要考察因素，也是政府在与市场主体谈判时，应当充分考虑的因素。即便企业出于种种原因克服以上困难进行投资，政府也应当考虑这种投资的可持续性以及项目对区域发展和资源利用的最优方案。

对于大田专业化生产的项目，一般从机械化和规模化两个角度进行投资实现收益。其优势在于不依赖于外部公司的介入，可以通过内部专业合作社和大户的培育来形成规模化生产。政府前期投入大大降低，农户的参与度和接受度相应提高。但是无论是江苏响水还是黑龙江克东的资产收益项目，都具备相应的机械化和规模化基础。江苏省响水县项目成功的重要原因包括：小型机械耕种广泛发展，农户接受度高；大量农户外出务工，使得土地的机械化成为必要，大型机械耕种的规模化效应降低了成本，受到欢迎；同时，农业收入在当地并非主要收入，打破田垄、平整土地、联耕联种的阻力较小。而黑龙江等东北地区的自然资源是全国其他地区难以复制的，仅仅凭借大田作物的生产就可以实现投资的极高收益。同时该区域合作社的充分发展也为项目奠定了良好基础，市场主体的引领作用十分明显，政府无须为此担心。

目前，12.8万个贫困村中有相当大一部分地理位置过于偏远，水资源严重短缺，加上交通等基础设施落后，不具有引进专业化生产的潜力。这些贫困村在未来相当长时间内主要依赖小规模的分户生产方式，没有利用新的农业产业项目进行资产收益扶贫的条件。规模化的农产品生产需要有合适的和具有竞争力的经营主体（公司、大户或合作社），这些在任何地区都是稀缺资源。因此，新型的农业产业化经营项目只可能在部分资源和市场条件较好的贫困村开展。

对于第二类以农业机械为基础的大田生产专业化模式主要适用于平原地区，因此，这类资产收益扶贫的模式在东中部地区具有较广泛的推广价值，并且符合现代农业发展的趋势。但在大多数西部山区难以推广。

案例一：江苏滨海县食用菌种植项目

江苏省滨海县引入台湾富川生物科技（江苏）有限公司合作，建立食用菌大棚，政府资金投入建设大棚，并交由贫困农户生产管理，公司负责技术指导。在此之前，该县的食用菌种植处于传统阶段，通过技术引进，将食用菌种植扩展到了研发、推广、冷链等全产业链环节。贫困农户一方面拥有自己的大棚可以参与生产，更新知识和技术体系，促进自身能力提高；另一方面通过在基地打工获得劳务收入。滨海县项目的成功离不开区位优势和政府的制度内让利。地区的交通便利为企业发展节约了大量前期投资，且减少了企业对于食用菌运输过程中损耗的担忧。同时，政府出资建设大棚，给予政策性优惠也加强了地区吸引力。

案例二：黑龙江克东县的农业机械合作社项目

黑龙江农业机械合作社项目的发展是基于已有的合作社和得天独厚的大田作物发展优势建立的。克东县安全现代农机专业合作社成立于2013年，其前身是光明现代农机专业合作社，后与安全现代农机专业合作社合并，形成种植与农机服务兼具的合作社。合作社总资产2 810万元，其中发起社员7人投资400万，各项国家投入资金600万。现有大型农机具60台（套），日处理能力300吨的烘干塔一座。入社社员共679户，全部来自于克东县昌盛乡安全村，占全村总户数的42.5%，社员中145户为贫困户，占全村贫困农户户数的36.25%。合作社2014年规模经营土地面积为3.2万亩，其中679户社员带地入社2.2万亩。主要种植作物为玉米、大豆，兼种丰葵、小麦等。2014年合作社利润1 388.88万元。

二、自然资源类资产收益扶贫项目

自然资源类资产收益扶贫项目的广泛发展始于光伏扶贫项目。借助旅游扶贫开展的资产收益扶贫项目虽然没有直接以资源入股分红，但是其发展离不开自然资源。2016 年 10 月，国务院办公厅印发《贫困地区水电矿产资源开发资产收益扶贫改革试点方案》将自然资源类资产收益扶贫项目引至新高度。

自然资源参与资产收益扶贫项目要获得成功的关键是拥有独特的、可产业化的自然资源。各个地区在这一点上面临着不同的困难。部分地区很难找出可以商业化的自然资源；而部分贫困地区资源存量丰富，但开发不足。造成后一类困难可能的原因在于资源的独特性差、可商业化程度低以及开发利用的经济效率低等。从独特性角度看，旅游资源的独特性是各类资源当中最为突出的。在这类项目中，重庆石柱县得益于其优美的生态环境和适宜的海拔高度，形成了独特的农家乐模式，并以此带动大量资产收益扶贫项目的发展。青海共和县则依托青海湖的生态优势开发观光旅游产业，客源稳定。很显然，这样的资源条件并不是每个地区都有。从资源的可商业化角度看，资源必须是可以被开发和利用的，只有能够参与市场的要素才能获得收益。贫困地区的资源商业化依赖于与合适的产业和企业对接，只有找到相应的承接平台，才能将自然资源产业化。这一点不仅取决于贫困地区和贫困农户的个人禀赋，更重要的是取决于市场的发展阶段和发展需求。如光伏扶贫的发展是伴随着我国光伏产业的迅速发展而兴起的，其背景是我国光伏板生产企业的迅速壮大和我国环境问题日益严重，在这一阶段充分开发利用光伏资源自然可以产生较高的收益。自然资源开发的经济效益是影响项目发展的关键，受制于我国贫困地区基础设施条件，很多贫困村的资源开发成本过高，一味强调以自然资源参与资产收益扶贫项目可能恶化项目的经济前景。当然，资源开发的经济效益也取决于市场主体的经济实力。

这类资产收益扶贫项目对于资源开发的集中程度和企业的规模和专业化程度提出要求。分散的资源在开发过程中面临着与农户谈判的交易成本、基础设施建设的重复投入等问题，而规模化的开发可以充分利用基层组织和政府的力量，通过宣传动员降低交易成本。同时涉及资源开发的基础设施建设项目也可以通过规模开发一次性完成，避免重复建设的问题。如光伏扶贫项目中，大部分地区采用了全县统一开发的模式，这主要是由于光伏发电涉及电能上网、电网改造等多项工作，单家独户或是单村独镇的开发会损失规模效益，增加培训、改网、安装等成本。而规模化的光伏开发不仅有效降低了与单个农户沟通的交易成本，减少了电网改造重复建设的房费，对于后期维护也有着重要意义。整县开发可以推动光伏生产商在县内设立维修售后服务点，大大降低了后期的维护成本，改善了农户的资产收益状况。在甘肃的光伏扶贫项目中，部分农户反映光伏板出现问题，影响发电效率，但是由于厂家距离较远，存在拖延维修的情况，严重影响了农户的积极性。资源开发项目与大规模企业相关联，不是单个的小型企业可以完成的项目。在旅游扶贫项目中，个别的旅游景点很难实现有效开发，集中连片的打造旅游品牌才能实现项目的收益。对接规模化的企业、连片开发资源往往需要乡镇甚至是县、省一级的协调参与配合，而不仅仅是贫困村集体可以完成的任务。在这一过程中，省、县一级机构应当充分发挥筛选和谈判作用，为贫困农户和地区争取更多的利益。同时，也要注意避免“一刀切”的问题，尊重各个村、各个乡镇的特点，在统一规划的同时注意差别对待，最优化项目投资效果。

部分资源的产业化和高收益率还需要特殊政策的扶持。光伏发电项目则依赖于充足的光伏资源，但在目前的技术水平下，光伏发电成本远高于传统发电，项目的高收益率必须依靠国家的大量的财政补贴。

然而，大多数中西部的贫困村或缺乏独特的资源环境，或过于偏远、远离消费者，加之交通等基础设施落后，不具备发展乡村旅游的条件。此外，光伏发电也受现有电网设施的限制，电网条件差和农户居住过于分散都会大幅度降低发电效率。尽管西部地区有良好的光伏资源，但以上因素都限制了光伏发电的规模，降低了其在偏远西部贫困村推广的可能性。同样，小水电资源开发项目依赖具备水力资源条件和开发成本合意的贫困山区农村地区，但是从水力资源的权属问题而言，如何把国有资源的资产收益配置给贫困户还存在法律约束，另外，小型水电站投入建设方面，还需要打通行政审批和财政资金约束问题。

案例三：

重庆石柱的乡村旅游项目主要依赖于优美的生态环境和夏季凉爽的气候，也得益于近年来高速公路网的建设和农村道路的改善。靠近重庆这样一个人口众多、夏季炎热的大城市也是周边贫困县发展乡村旅游不可多得的优势条件。

案例四：

甘肃省马营镇华川村设施农业新能源综合利用项目累计投入612万元，建成光伏一体日光温室6座，塑料大棚32座，光伏发电21.6万千瓦，覆盖农户72户，每户3 000瓦。通渭县西川农产品产业化专业合作社主要进行高原夏菜种植，合作社成立于2012年，注册资金800万元，高原夏菜种植经验丰富，在县城周边已经有10多个大棚进行此类种植。按照合作社负责人在其他地区的种植经验，该项目利润率可以达到30%～40%，收益相对稳定。项目总投资中合作社投入200万进行大棚建设，政府扶贫资金投入272.8万用于光伏建设和入股合作社大棚，其中投资大棚建设的100万资金参与利润分红。后期项目规划包括采摘基地、农家乐等旅游设施。华川村的光伏开发并不是单个村开展的，而是依托于马营镇的光伏发展。马营镇的光伏扶贫项目发展速度快、项目成效好得益于国家能源局在定点帮扶过程中的支持。国家能源局扩大当地风电发展规模，吸引企业竞价开发，帮助华川村获得了风电开发企业的社会帮扶资金，有效降低了农户自筹比例，扩大了项目规模。

三、投资类资产收益扶贫项目

投资于实物资产（如商铺、厂房）、货币资产（如理财产品）是一种管理较简单的资产收益扶贫模式。

投资于实物资产的项目往往是针对对接市场主体的要求将财政资金转化为实物资产，并参与分配的一种手段。这一类项目对于政府的市场敏感度提出了极高的要求，同时要求投资地的经济发展水平达到一定程度。例如投资商铺用于出租的资产收益项目要求当地有良好的商业环境和市场环境，保障商铺可以租出去，才能实现项目收益。对于整体经济水平落后的贫困地区，以商铺租金作为资产收益的主要来源显然不现实。

投资于理财产品的项目则要求当地的银行积极配合资产收益扶贫项目，同时也要考察经济形势波动情况。只有银行等金融机构积极配合才能针对贫困农户和贫困地区设计出合理可靠的理财产品，这就要求扶贫部门具备足够的动员能力，鼓励商业化的金融机构介入扶贫行动，同时也要求当地具备良好的金融条件，有适宜的机构参与项目。经济整体波动也是这类项目需要考虑的关键因素，市场条件不成熟时进行投资很难实现项目收益。

在已有调研中，投资类资产收益扶贫项目显示出了项目机制简单明确的特点，大大降低了政府对于企业的监管成本，但与此同时，这种投资形式面临着极大的挑战和较高的要求。

首先，此类项目带动作用不足。与农业企业的发展不同，投资类项目对于农户只有直接收益，没有务工等间接收益，也不存在技能和知识的发展，项目参与度大大降低。这种帮扶形式很容易使得贫困农户产生等、靠、要的思想。贫困村内如果仅有贫困农户参与此类分红，一般农户较容易产生不满情绪，不利于社会矛盾的缓和。

其次，投资类项目对于政府的筛选甄别能力提出极高的要求。我们希望此类投资项目能够实现更高的直接收益以弥补其带动作用不足的问题。这就要求投资类项目的投资对象具有较高的收益率，或是企业愿意接受较高的融资成本。政府在项目挑选时，应当具备更高的投资眼光，分析企业或产业的发展前景。在经济增速放缓的大背景下，这样的项目并不多见。在已有的项目中，一些地方出现了大量商铺和厂房租不出去的情况。

最后，此类项目还存在建设周期长，或是风险较大等问题。风险低的理财产品通常收益率也低，而高预期收益率的理财产品风险也很高，收益没有保障甚至会出现亏损。而对于建房出租等资产收益扶贫项目往往从前期项目投入到具体建设项目启动、后期招租到实现收益往往面临着较长的时间过程，所以这类资产收益扶贫项目只适用于少部分市场条件比较好的地区，特别是东部地区。

案例五：

2015 年，甘肃省大力推进“精准扶贫专项贷款”政策实施，将资产收益扶贫试点资金 8 000 万纳入“精准扶贫专项贷款”项目，作为贷款贴息资金，配合开展资产收益扶贫项目。甘肃省精准扶贫专项贷款工程实施期为 2015—2017 年，总规模 400 亿元。贷款对象是 58 个片区县和 17 个插花县中 417 万人、101 万户建档立卡的贫困农户。贷款额度为每户3 万～5万元，期限 3 年，银行对农户免抵押、免担保，贷款执行国家同期基准利率，按年结息，省财政全程全额贴息。在项目资金使用中，部分农户以借贷的形式与企业合作获得固定收益。依托该项政策，甘肃天耀草业科技有限公司 2015 年吸收碧玉乡 162 户农户贷款资金 810 万元，用于公司生产发展。3 年贷款到期后，由企业代农户偿还全部贷款。公司在使用贷款的 3 年时间里，按照每年 7.5%的固定比例向农户分红，并在项目期初一次性付清全部红利 11 250 元/户，通过银行系统直接打入农户一卡通中。在红利发放过程中，农户具有自主选择权。既可以以现金形式获得全部红利，也可以要求公司发放母牛一头（价值 1 万元）和 3 250 元现金，以发展生产、扩大家庭养殖规模。

案例六：

“十二五”期间，青海省兴海县以易地购置商铺为主要方式共实施7个同类型资产收益扶贫项目，其中，两个项目已实现租金收益，其他5个项目尚处在实施阶段。“7乡（镇）23村产业扶贫异地易地购置商铺项目”从2014年10月开始实施，项目涉及7个乡镇23个行政村，覆盖4 054户、17 662人。项目集中在兴海县县政府所在地子科滩镇中心地区（县政府对面）“格萨尔商业街”内的商铺进行投资建设，针对贫困资质认定的7乡（镇）23村，购置商业铺面23套，共计7 065.76平方米。政府购置商铺后，交由村集体出租，村集体获得租金后带动农户收益。但从实际运行状况看，效果并不十分理想。虽然商铺出租可以稳定获得租金收入，但是收益来源单一，已经取得收益的温泉乡温泉、楠木塘、尕科合3村购置商贸楼项目，年租金收入45万元。二是分配到户收入量少。由于农牧民普遍贫困，且贫困差距不大，采用平均分配办法，将村集体租金收入平均分配，最终到户收益量少，收益效率低，农牧民难以脱贫。租金收益45万元的购置商贸楼项目，平均分配到3个村663户，户均年收入仅有679元。

案例七：

江西省宁都县将试点资金1 000万元投入组建宁都扶贫产业园，县级再注入了1 130万元产业扶贫资金，两项资金共2 130万元，集中用于建设标准厂房出租，租金收益不低于扶贫资金投资的10%。收益统一收缴建立宁都县扶贫救助专项基金，对极度贫困“三无”人员和遭遇突发事件、意外伤害、重大疾病或其他特殊原因导致生活、医疗、教育、住房、就业等家庭和个人给予的托底线、应急性的救助。吉安县将试点资金1 000万元和整合1 000万元，共计2 000万元投资到吉安高新区建标准厂房出租，租金收益不低于扶贫资金投资的10%，每年200万元的收益全部用于全县在档的散养五保户和纯低保户，实现长期有效的兜底保障。

案例八：

江西省井冈山市将试点资金 1 000 万元并注入 2 048.5 万元产业扶贫资金共 3 048.5 万元按户量化折成股份，对 1 645 户失能弱能户，按每户扶持 1 万元股本，由市扶贫办、财政局发起建立的扶贫投资公司统一购买市旅游公司在市农商银行股份，投资公司按每户股本收益率不低于 15% 进行保底。井冈山市对失能弱能贫困户的帮扶方式虽然是入股形式，但是由于投资商业银行，农户无法参与生产经营，因此这种形式下的资产收益扶贫项目更加接近于投资理财的模式。

第五章　资产收益扶贫的主要作用

一、对失能和弱能贫困人口具有针对性和有效性

资产收益扶贫的特点在于其不完全依赖农户的劳动能力和经营能力，因此是帮扶失能和弱能贫困人口的重要手段。与传统产业扶贫不同，资产收益扶贫项目并不要求每一个参与其中的贫困人口通过劳动或生产获得收益，实现福利改善。只要农户拥有财产权利就可以借此获得财产性收益，增加收入。这也是资产收益项目赋权的重要意义。值得注意的是，资产收益扶贫项目是针对全体贫困人口的一项重要扶贫措施，项目实施中，区别对待一般贫困农户和失能弱能贫困农户很有必要。对于具备劳动能力，家庭由于教育医疗等阶段性陷入贫困的农户，我们应当积极鼓励其参与生产，与市场主体对接，发挥其生产技能，获得高于基本回报的收益，同时增加参与度。但对于失能弱能贫困农户，项目的收益度目标应当优先于参与度目标，资产收益作为社会保障的有效补充，发挥兜底功能。

资产收益扶贫项目的持久性保障了失能和弱能贫困农户的长期脱贫。与传统的一次性补贴不同，资产收益扶贫项目形成了长效补贴机制，只要农户持有资产权益就可以获得稳定分红。对于失能和弱能贫困人口来说，缺少稳定的经济来源是其长期陷入贫困的重要原因，而一次性的补贴往往不能改善长期的生存福利。因此，通过资产收益扶贫项目给予其稳定财产性收入支持可以在一定程度上缓解其经济困难，改善生存状况。

案例一：

江西省在项目设计中区别对待失能弱能贫困户和一般贫困农户。失能

弱能贫困户持有的资产购买金融机构股权，通过扶贫办和财政局设立的投资公司统一投资入股，保障15%的收益率。而对于一般贫困农户，则鼓励其加入合作社，发挥生产能力获得更高的收益。

二、避开农户短板，减少生产决策

资产收益扶贫项目中农户避开短板，不再进行生产决策。资产收益扶贫项目中，农户只需要根据政府引导，将自己的资本或资金注入企业，而无须进行生产经营决策，就可以实现收益。这一点对于贫困农户具有重要意义。贫困农户往往存在能力“短板”，受制于小规模分散经营、家庭劳动力不足、信息渠道窄、基础设施差等因素，贫困人口很难紧跟变化多端的现代市场步伐，做出合理的生产经营决策，这也是以往的传统产业扶贫政策，如直接发放牲畜、种苗等项目失败的重要原因，扶贫政策的福利效果大打折扣，降低了扶贫效率。但在资产收益扶贫项目中，这部分群体成为重点关注群体，同时项目降低了对其市场敏感度和投资的要求，而是转向政府引导投资，贫困人口参与劳动的“简单”模式。

案例二：

江西省寻乌县将资产收益项目的帮扶对象对准贫困农户中最需要帮助的失能弱能贫困户。将试点资金1 000万元投资购买寻乌县太湖水库投资开发有限责任公司股份，股本收益不低于10%。股份收益金全部用于扶持全县贫困户中的五保户、低保户，每年进行滚动扶持。

在传统扶贫项目中，政府有4种基本帮扶方式：发放生产资料、生产基础设施建设、生活条件改善和直接转移支付。后两种帮扶方式可以直接作用于农户福利，而前两类帮扶方式在福利实现过程中要依靠农户生产决策实现最终的收入福利。即农户获得生产资料后在家庭资源禀赋、当地基础设施情况的基础上进行判断，并独立完成生产决策。正如上文所述，贫困人口在做生产决策环节有自身的局限性，这是传统项目无法解决的问题。

在资产收益扶贫项目中，农户不再进行生产决策，这一内容交由企业完成，农户只需要将资本或资金投入，就能通过资产性收益实现福利改善。企业融资能力强、销售门路广、管理水平高，无疑是更适合进行生产决策的主体。同时，通过参与资产收益扶贫项目，企业可以获得政府的政策性优惠、低价的劳动力、宽松的信贷条件，对生产经营产生的积极影响。企业和农户间的重新分工发挥了各自的优势，一方面降低了企业的成本，拓展了利润空间，另一方面保障了农户受益，改善了贫困人口福利。

案例三：

四川苍溪猕猴桃生产基地项目中，村内全部农户，尤其是弱能贫困人口，可以通过在园区务工获得工资性收入。村内青壮年劳动力多数已外出务工，留守人口多为劳动能力差、技术水平低的弱能贫困人口。猕猴桃产业园区可吸纳无法进行重体力劳动、无法完成大田生产的农户就业。园区中主要劳动力为本村60～70岁的老年人口，每天工作8～9小时，主要从事除草、套袋、包装等轻体力劳动。每天工作收入可达60元，年均工作100天，可获得6 000元/年的务工收入。由于园区建设规模大，可以完全吸收村内弱能贫困人口，在农忙时期还要从外村雇工完成生产。本村一年劳务收入可达300万元。

三、增加农户财产性收入，改善福利实现方式

资产收益扶贫的一项重要作用是通过增加农户财产性收入改善农户的生活水平。十七大报告指出，让更多的群众拥有财产性收入。提高贫困农民的财产性收入对于改善其生活状况、缩小收入差距有着重要影响。近年来城镇居民财产性收入的快速扩张是造成城乡间收入差距继续拉大的主要原因。城镇居民通过金融市场增加财富方面比农民更具备优势，而农民能够产生财产性收入的财富微乎其微，多数的农民还是靠自己的劳动取得收入。随着我国经济向新常态转型，贫困农户传统的农业生产和低技能的外出务工两部分收入提高空间十分有限，而财产性收入的提高成为帮助贫困农户增收致富的一条新思路。我国贫困农户在财产性收入的增加上面临的主要困难包括：财产积累不足、投资渠道有限、制度障碍难以突破等。具体表现在：农户家庭财产数量有限，可用于投资、可商业化的财产基本没有；家庭存款水平极低；落后的农村金融体系制约着农民理财等收益的实现；宅基地使用权的严格规定限制了农民获得更多的房产收益；集体土地产权不明晰造成农民的土地收益有限。

资产收益扶贫项目从根本上解决了农户面临的财产性收益障碍。资产收益扶贫项目将农户的自由资产、财政资金补贴等以多种形式进行产业化，引入市场主体承接，帮助农户激活资产，实现收益。从财产性收益入手，改善农户的

福利水平。

在资产收益扶贫项目中，农户福利实现方式发生转变。如图 5－1 所示，传统的扶贫项目中农户福利实现包括 3 种方式：①承担生产者的角色，进行生产、销售，实现经济利润；②通过享用政府创造的良好的生活条件，提升效用，获得福利；③直接获得转移性支付，以消费增加福利。

与之不同，资产收益扶贫项目注重农户与市场主体对接，农户不是在产品销售环节实现利润，而是以资本获得财产性收入。资产收益扶贫项目主体决策范围如图 5－2 所示，农户不再是企业产业链上获取利润的中间环节，不再是分散的销售者角色，而是参与市场主体生产经营的重要主体，提供资金流、劳动力、资本等重要投入品，并参与市场主体全产业链的利润分配。资产收益扶贫项目从为贫困农户积累资产出发，借助市场经济力量，引入能人、合作社和企业带动，为贫困农户增加财产性收益，创造长期稳定的收益来源。

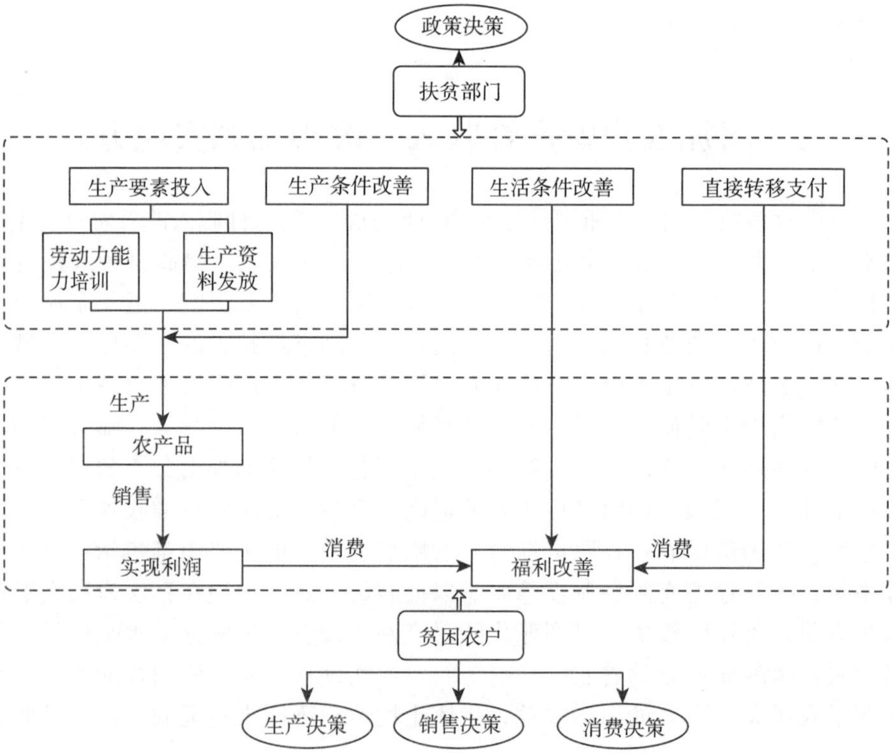

图 5－1　传统扶贫方式中各个主体决策范围及福利实现

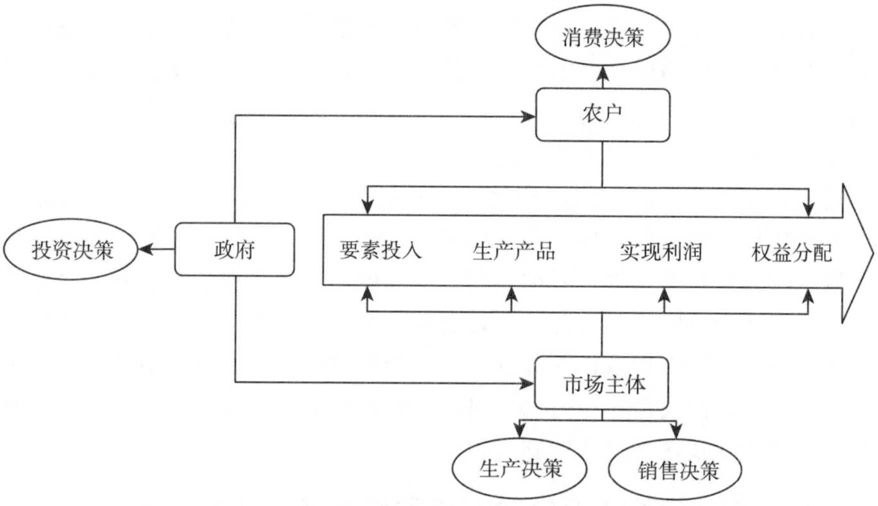

图 5-2　资产收益扶贫项目主体决策范围

四、高效的到户模式和资产积累方式

（一）重点在扶贫效率到户，不强调资金到户

资产收益扶贫的关注点在于效率到户，而不是原有的资金到户。在传统的扶贫模式中，无论是资金类资产还是实物类资产，各级政府都在强调贫困农户获得实际的补贴，但之后的生产经营往往缺少指导和监督，使得部分用于扩大生产的资金用于烟酒等消费，用于饲养的牲畜被卖掉等，扶贫效率大大降低。这种始于 20 世纪 80 年代的“输血式”扶贫造成了扶贫资源的低效运转。而效益到户则更加注重项目和资金的结果，而对于其实现过程不做过多强调，这是打破原有的思维僵局的重要措施。

资金到户之后面临着资金的使用和收益问题，而政府很难通过单家独户的指导和监督帮助农户实现最优投资。同时分散的农户以自身的力量参与市场经营面临着巨大的风险和不确定性，个人的投资方向可能会受到信息不对称的影响，尤其是在受到季节性影响的农产品市场中。同时，农户个人的投资和生产行为缺少规模效应，尤其是在资金的使用中，资金的大规模集中投资可以吸引更加优秀的市场主体，借助这个平台可以最大限度地发挥资金的效用。而个体的投资行为往往是盲目的，企业为了降低交易成本，很少会和单个农户逐一进行谈判，因此，个体的投资行为很难获得较高的回报。

资产收益扶贫项目的一大特点就是集中使用财政资金或资产，以获得投资的规模效应。政府以大量的扶贫资金与企业谈判可以获得更好的规模效应，容易吸引有资质有发展潜力的企业参与项目。而对于企业来说，一次性获得大量资金降低了交易成本，有效提高资金的使用效率。与个体小农不同，政府可以有效借助第三方机构提高甄别能力，促进资产效益。在投资环节，政府可以充分利用评估公司等机构来对投资企业的资质和发展前景进行甄别，而这一点对于个体农户来说是基本不可能实现的。

资产收益扶贫从资金到户到效益到户的转变，实质上是扶贫项目深化分工、专业化加强的重要表现。参与扶贫项目的3个主体分别是农户、政府和企业。资产收益扶贫项目将三者纳入项目全过程，并且实现了有效分工。原有的资金到户意味着政府实现资源分配，而农户通过市场参与实现收益，很显然市场决策并不是贫困农户擅长的部分。而资产收益扶贫中，政府整合资金、企业进行市场决策，而农户参与劳动同时获得资产收益，三者各司其职，各自发挥所长，充分优化扶贫项目的实施过程。

(二) 通过赋予贫困户财产权和发展权实现持久脱贫

资产收益扶贫项目本身是一个赋权的过程，将股权、债权等资产权利赋予农民，更重要的是通过项目参与激发其自主意识，提升其行动自由，拓展其发展自有，保障公平权益。

资产收益扶贫表面是将资产获得的收益给予农户，背后是贫困农户资产的积累和对资产的收益权。现代社会不断发展的过程中，劳动在国民经济中获得分配的比例不断降低，而财产性收入则不断上升。资产收益扶贫将财产权利赋予农户是为其提供了长久了发展和收益权利，实现持久脱贫。而资产积累本身带来的效应不仅仅在于资产回报，更多的是促进农户的投资能力和投资理念，这种观念上的改变对贫困农户的影响是深远而有效的。

同时，资产收益扶贫项目的赋权还体现在通过项目参与改善贫困农户的市场意识和技能水平，将发展权赋予农户。通过参与市场化主体的活动，大量贫困农户的生产观念和知识技能得到提高，内生发展动力增强，这是比直接收益更加重要和可贵的脱贫动力。

五、有利于资金整合，提高扶贫资金的使用效益

资产收益扶贫项目涉及资产类型更为广泛。在市场经济框架下，只要是产权明确、符合法律相关规定的资产均可以进入资产收益扶贫项目中，如农户土地经营权、农业机械、农户自有资金、村集体自留地、村集体已建成基础设施等，甚至是太阳能、水电等自然资源，只要市场主体愿意接纳，可以被量化产生收益的资产均可参与项目。这就大大增加了农户和村集体增收的可能性，为

部分发展能力差、劳动能力弱的贫困农户提供了新的收入来源。

资产收益扶贫项目投资对象更为广泛。相比于传统扶贫项目局限于村内产业和农业产业的情况，资产收益扶贫项目可以不受地域限制、不受产业限制，只要保障“效益到户”即可。对于可移动的资产，如资金、农业机械等，资产收益扶贫可以进行异地投资，跨村、跨县甚至是城市投资，资产产生收益重新回到农村、回到农户手中。资产收益扶贫项目也不仅仅局限于农业产业，可以投资于商业、旅游业等高收益行业。这一机制对我国扶贫效率的提升有巨大帮助。

资产收益扶贫项目中，投资类型多样，为资金整合提供了便利条件。传统扶贫项目中，资金整合渠道仅限于个别项目，与固定的政府部门合作，如与教育部门合作教育扶贫、与农林畜牧部门合作产业扶贫等。在一定程度上限制了更大规模的资金整合。

在大扶贫的格局上，资产收益扶贫可以通过优化项目设计，打破行政部门间的限制，吸纳更加广泛的政府和社会资金，以提高资金效率。企业或合作社参与资产收益扶贫本身就是社会资金参与扶贫的新模式。政府通过资金投入和政策让利，吸引有发展前途的企业投身于扶贫项目，用政府资金撬动更大体量的市场主体资金，实现投资的规模效应，有效提高了资金回报。在这一过程中，多个省市开展的扶贫贴息贷款就是一个很好的例子，政府通过设立风险基金，吸引银行等金融机构向原本缺少贷款资格的贫困农户发放贷款，放大了资金效应，有效整合金融资源，促进了项目的发展，改善了贫困农户的贷款可及性。不断扩大的资产投资范围意味着资产收益扶贫涉及更多领域，在更大程度上整合部门资金。资产收益扶贫打破了原有的以农业扶贫的思路，将扶贫项目向金融、服务等多个领域延伸，这一过程意味着更多的部门可以通过政策支持、资金整合的方式参与资产收益扶贫项目，提高了扶贫部门的资金整合力度。

六、提高贫困农户的组织化程度和参与度

与原有的直接加入合作社或参与公司生产不同，资产收益扶贫通过对贫困户赋权（资产所有权和收益权），将贫困农户与组织化的经营主体（公司、合作社）直接或间接连接起来，这种连接扩大了农户的市场参与度，提高了农户在利润分配中的地位，有利于其技能和组织化程度的提高。

农户从“打工者”转向了股东或债权人。这种转变意味着农户在分配环节获得了全产业链的利益，而不仅仅是工资性的收入。传统项目中，农户与企业的联系仅限于为其打工，获得固定的工资性收入——这仅仅是产业链利润中微乎其微的一部分，更大的利润被公司获得。而股东身份为农户获得企业从生产、加工到出售等一系列经营活动的利润分成，从而大大提高了其经济利润。

同时，掌握了资产权利的贫困农户具备了更强的话语权和谈判能力，转变了在市场中的弱势角色。

农户通过资产收益扶贫项目实现了更强的组织化程度，这一点在合作社这一市场主体中的体现最为明显。我国原有的合作社组织较为松散，往往是能人大户带头，普通农户因为缺少经济纽带，而仅限于一般性的参与，很难实现真正意义上的组织化。资产收益扶贫项目中，农户与合作社的关系从一般参与者上升到了出资人的高度，其自身的参与感增强。由于合作社的经营发展状况与资产收益紧密相关，因此农户更加积极地参与合作社生产决策，同时通过合作社组织进行购买、生产和销售的行为也进一步增多。同时，在资产收益扶贫项目中，合作社作为资金接受者，政府在与其谈判时往往要求项目参与者中贫困农户达到一定比例，因此项目本身的发展“强制”将被市场边缘化的贫困农户纳入市场主体，以组织化的形式进入市场，改善其生产地位。这种组织化的增强一方面改善了合作社原有的“空壳”现象，壮大了合作组织的影响力，另一方面也加强了贫困农户的组织化程度，不再以个体形象进入市场，而是依托合作社组织，提高了议价能力，增加了收入。

七、有利于增强贫困村集体积累和经营性收益

资产收益扶贫项目为扶贫项目的发展开拓了更为广阔的空间。资产收益扶贫项目拓宽了项目参与主体。在传统扶贫项目中，村集体作为基层组织很难作为受益者参与到贫困帮扶中，大部分收益形式是修建村级公共基础设施等普惠形式，对村集体这一基层政治和经济组织经济力量薄弱这一事实重视不足，“空壳村”屡见不鲜，基层组织能力差，公信力不断下降，影响了扶贫工作的开展。2016 年 4 月，中央办公厅、国务院办公厅印发了《关于建立贫困退出机制的意见》，其中对于贫困村的退出机制提出明确要求，“贫困村退出以贫困发生率为主要衡量标准，统筹考虑村内基础设施、基本公共服务、产业发展、集体经济收入等综合因素”，因此，积极建设贫困村集体经济是加快贫困地区脱贫摘帽的重要手段之一。

在资产收益扶贫项目中，村集体不仅是市场主体和农户的牵线人，也可以作为重要的出资人直接参与项目。村集体一方面可以以村内土地、已建成基础设施等参与企业经营；也可以通过财政资金入股市场主体，获得股权或债权。资产收益项目改变了传统项目没有直接收入的缺陷，村集体在资产收益扶贫项目中可以直接获得资金回报，短时间内迅速壮大实体经济，改变了贫困村集体经济困境，为后续“脱贫摘帽”奠定了坚实基础。同时收益的持久性也降低了贫困村重新陷入贫困的风险。

案例四：

四川苍溪县兰池村猕猴桃生产基地项目中，兰池村充分发挥猕猴桃的产业优势，引入大户进行生产经营，共投入财政支农产业发展资金 719 万元，其中 275 万元为产业发展配套资金，444 万元为财政专项扶贫资金，全部量化折股，分配给村集体、村民小组和农户。扶贫资金中 20%用于贫困户优惠配股，其余 80%，即 575 万元，按照每股 1 000 元进行量化，村集体、村民小组和农户按照 1∶2∶7 分配，享受利润分红。兰池村 1 756名村民量化股权 402.5 万元，每人获得 2.3 股；村民小组分得 115 万元计 1 150 股；村集体可得 57.5 万元计 5 750 股。2014 年，项目按照建设期 3.25%获得固定收益，贫困人口分红 258 元/人，一般村民分红 74 元/人，村集体分红 1.87 万元，村民小组分红 3.74 万元。

案例五：

江苏省响水县上王村农机合作社参与资产收益扶贫的项目中，县扶贫办向上王村投入 75 万元扶贫资金，购置 5 台 1 204 大马力拖拉机，2 台收割机，交由村集体无偿使用。村集体通过公开议标招租，将 7 台农机以租赁方式交由军正农机专业合作社使用，首次租期为 5 年，租金一次性上缴到村。村内举家外出农户由于无法耕种土地，将全部耕地，约 500 亩，以 800 元/亩的价格流转至村集体，村集体交由合作社经营，实现农业机械化经营，获得土地增值收益。按照上王村现有的机械化水平，每亩耕地纯收入可达 1 200 元，除去 800 元/亩的土地流转费用外，村集体可获得 400 元/亩收益。全村流转至村集体的土地面积为 500 亩，村集体年收入可达 20 万元。

八、有利于政府职能转变，创新社会扶贫方式

资产收益扶贫中政府角色职能发生转变，社会力量参与扶贫形式进一步创新。传统的扶贫项目多是在“政府-贫困农户”之间形成联结机制，政府出台扶贫政策，农户作为扶持对象接受以及配合政策的实施，最终达到农户稳定增收的目的。在资产收益类扶贫项目中，市场力量被纳入这一体系中，农户或村集体直接与市场对接，形成利益联结机制。

政府不再是直接参与资产收益扶贫工作的中坚力量，而是充当了“中间人”的角色。其主要任务包括两个方面：一是在众多市场主体中进行筛选，选

择经营状况好、企业利润稳定、发展前景乐观的企业或合作社参与项目，在市场主体和贫困农户间搭建合作平台；二是，扶贫部门作为贫困农户这一弱势群体的代言人，在两者利益谈判过程中，合法合理利用各项政策，提高农户议价能力，尽最大可能增加农户收益。尤其是对于外部性较强的产业和企业，政府可以通过适当补助鼓励其参与贫困地区发展。如政府以优先为参与项目企业提供贴息贷款、低价出租村内土地等形式为参与项目的市场主体提供便利性，提高项目吸引力，鼓励市场主体参与项目并在利润分配环节为农户争得更大利益。

“中间人”角色对政府能力要求进一步提高。由项目主体转向“中间人”并不意味着政府的责任减轻或重要性下降，反之，资产收益类项目对政府的市场敏感度、工作创新力提出了更高的要求。在引入项目时，政府不单要了解传统的农业产业，也要在更加广泛的市场中寻找可增值、有潜力的稳定发展产业；政府不单要对产业的发展前景进行分析，对于企业或合作社的经营也要深入了解，从财务状况、经营情况、人事状况等多个维度选择可以承接资产收益扶贫项目的市场主体，深刻认识和把握市场未来发展动向。在项目设计环节，扶贫部门要充分了解现代企业经营制度和法律，在合法前提下，在企业利益的框架内，为贫困农户争取更多的资产收益。在项目运行环节，政府应当对企业进行及时监督，避免企业经营困难给农户利益带来的损失；同时，政府有能力通过基层组织与单个农户进行协商谈判，加大政策宣传力度，有效降低企业的

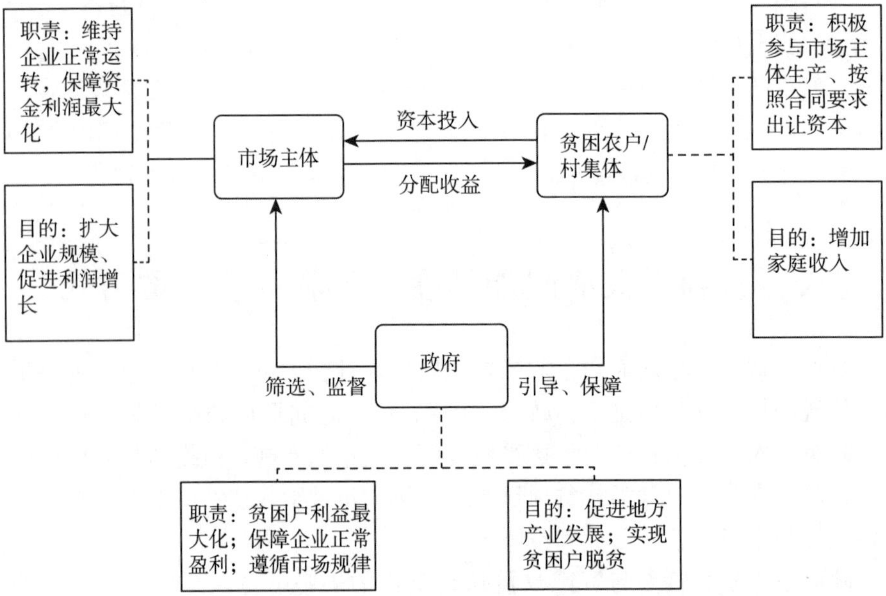

图 5-3　资产收益扶贫中的主体关系

交易成本，吸引市场主体参与项目。由此看来，政府在传统项目中是项目执行者，对项目的设计、监督、实施具有绝对发言权和控制权，承担相对简单的角色；而在资产收益扶贫项目中，政府扶贫职能的实现要依靠企业或合作社，而市场主体的发展与整个经济走向息息相关，如何层层递进地把握项目收益、如何权衡企业积极性和农户收益、如何在市场经济框架内保障弱势群体利益，这些都对政府部门提出了更高的要求（图 5－3）。

资产收益扶贫项目中，社会力量参与扶贫的方式也发生了重要转变。在传统的扶贫项目中，社会力量往往是以技术、信息、培训等提供者的身份参与扶贫，或是资助扶贫部门资金，由政府实施传统的扶贫项目，从核心环节的主体职能看，仍然是政府制定政策，农户作为接纳者配合政策实施。作为扶贫机制创新，资产收益项目将市场力量与农户直接对接，农户或村集体以资产参与企业经营，企业以利润或利息回馈农户，帮助其脱贫。市场机制被完整地纳入贫困帮扶系统，改变了政府大包大揽的局面，以市场契约保障了扶贫效果，培养了农户的市场意识，提高了贫困人口参与度。

第六章　资产收益扶贫效果评价

效果评价是根据要实现的目标，对于正在推行的规划和方案的效果做客观、系统、经验性的衡量。资产收益扶贫作为一项针对贫困农村中完全或部分丧失劳动能力的建档立卡贫困人口提出的政策设计，目标是帮扶这一特别贫困群体实现增收脱贫。目前，资产收益扶贫还处在探索实践和设置政策的创新阶段，各地实施的方式、进展和效果存在差异，配套支持政策渐进出台。针对各地的多样化实践，为有效评价运用不同方式实施的资产收益扶贫，设置较为灵活、全面的标准进行政策评价十分必要。

本章从基本原则、主要指标、主要方法及其应用几个方面设计资产收益扶贫的效果评价体系。首先提出系统、有效、适用等基本原则；然后在对社会指标的定义和特点、指标设计的意义和步骤进行说明的基础上，提出效果评价的主要指标；接着提出效能、效率、过程、适用性和可行性评价方法；再对典型调研中的案例进行简要评价；最后对在实践运用中进行效果评价做出说明。

一、评价的基本原则

（一）系统原则

资产收益扶贫作为一类扶贫项目和一种创新的扶贫机制，需要对实施效果进行系统评价，就是既要评价资产收益扶贫项目，又要评价减贫成效。一方面，要对实施资产收益扶贫机制的扶贫项目的经营管理、收益分配和风险控制进行综合考量，评价利益联结的多方主体共同参与项目和从中获益的能力。另一方面，资产收益扶贫的主要的减贫目标是针对完全或部分丧失劳动能力的贫困人口实现脱贫。但是，在实践中，贫困村、一般贫困人口和特别贫困人口都是参与项目的主体，因此，评价减贫成效，就要兼顾考量这三类主体的减贫效果。

（二）有效原则

资产收益扶贫项目的实施要兼顾效果评价和过程评价。效果评价主要针对经济方面和减贫效果进行量化评价，主要包括效能和效率两种评价方法，其中，效能评价强调项目实施的目标，效率评价强调项目实施的结果。过程评价则是把项目视作分层次或分阶段构成的整体，着重评价项目实施的组织和管理。

（三）适用原则

适用原则强调资产收益扶贫项目评价的适用性和可行性。各地立足自身禀赋条件、因地制宜实施的资产收益扶贫项目，资产投入的类型、资产来源的渠道和资产收益的分配方式存在差异，具有各自的特点，但是，比较起来，在各个环节又具有相似性，因而可以通过类型化归纳共性，从而进一步为各地创新适合自身的资产收益扶贫提炼可参考、可复制、能推广的借鉴。

二、评价的主要指标

（一）社会指标的定义和特点

社会指标是一种量的数据，用来作为反映具有普遍社会意义的社会状况的指数，具有观测性、预测性和易于解释等特点。①具体性。指标的本质就在于对具体的事物加以明确的规定。②数量性。设计指标的目的，就是要把复杂的社会现象变为可以量度、计算和比较的数据和符号。③替代性。指标并非社会现象本身，而是某种社会现象、社会状态、社会活动或社会变迁的代表。④易于解释性。指标注重于向人们解释和说明，是指引人们了解社会的标志。⑤时间性或动态性。指标的数据是暂时的，是对社会某一个时期或某一点的状况的反映。⑥综合性。指标既是反映关键性的、有重要意义的社会现象，又是表现社会某一方面现象的数据。⑦理论与实际的结合性。指标往往是根据某种理论或某一目标而设计和构建的，兼具理论的和实际的特点。

（二）指标设计的意义和步骤

1. 指标设计的意义

从研究者的角度看，社会指标是可行的研究工具；从决策者的角度看，社会指标是进行决策的重要信息或依据。就资产收益扶贫而言，通过设计指标，为较科学地反映贫困现象、监测运行过程、预测和评价减贫成效，提供评价途径，突出对实施项目的可行性和贫困人口的增收成效进行测量和比较，为优化扶贫项目实践和完善政策设计提供参考和借鉴。

2. 指标设计的主要步骤

评价指标设计的一般步骤：第一，陈述社会问题。资产收益扶贫是针对农村中完全和部分丧失劳动能力的贫困人口的增收脱贫问题，自上而下提出的帮扶思路。第二，指出起主要作用的因素。在资产收益扶贫中，对贫困人口增收起主要作用的因素是资产要素和扶贫产业项目。第三，提出操作性定义，即把那些最主要概念的比较抽象的定义转换为数量化的、可操作的定义，这是从问题转换为指标的关键环节。如建档立卡贫困农户参与资产收益扶贫项目增收的成效、失能和弱能贫困人口参与项目的程度等。第四，建立社会指标。如建档立卡贫困农户参与资产收益扶贫项目增收的成效可由投入回报率、失能和弱能贫困人口参与项目的程度可由项目覆盖率来表示等。

（三）效果评价的主要指标

从政策目标和结果导向来看，社会指标是评价指标设计的核心环节，也是介于实践调查和问题研究之间的中心环节。评价资产收益扶贫的效果，大致可以通过选取表 6－1 中的各单项指标来反映。各个单项指标可以根据不同的属性区分为约束性和预期性指标，其中，约束性指标源于明确的政策目标，反映为指标的目标值是固定值；而预期性指标没有固定的标准，不同的资产收益扶贫项目的实施情况和减贫成效具有特殊性，反映为指标的预期目标值是差异值。效果评价的主要指标设计如表 6－1 所示。

三、主要评价方法

政策效果评价的两种主要的评价方法是效能评价和效率评价。效能评价重点考量在投入既定的情况下政策目标实现的程度，只要政策绩效达到了预期设计的目标要求，就可以判断政策产生了效能。效率评价重点考量投入是否发生了最大作用。效能评价和效率评价都要对投入成本进行分析，因而形成了成本-效能和成本-收益两种分析方法。资产收益扶贫的效果评价，综合了效能评价、效率评价和过程评价，同时也包括适用性和可行性评价。

（一）目标导向与效能评价方法

不同于更加重视产出而非投入的绩效评估，效能评估具有明确的目标导向，在效能评估中，一个给定计划的绩效被用于与它的目标相比较，以确定计划是否满足了目标，并且根据计划的完成情况来确定目标是否需要调整。

表 6-1　资产收益扶贫效果评价的主要指标

指　标	属性
1. 资产收益扶贫项目	
（1）资产收益扶贫项目的农户参与率	预期性
（2）资产收益扶贫项目的投入-收益率	预期性
①自然资源类资产的投入-收益率	
②资金类经营性资产的投入-收益率	
③固定设施类经营性资产的投入-收益率	
2. 贫困村	
（1）资产收益扶贫项目覆盖的贫困村个数	预期性
（2）贫困村参与项目的集体资产的投入-收益率	预期性
①自然资源类资产的投入-收益率	
②资金类经营性资产的投入-收益率	
③固定设施类经营性资产的投入-收益率	
3. 建档立卡一般贫困户（人口）	
（1）建档立卡一般贫困户（人口）的项目参与率	约束性
（2）建档立卡一般贫困户家庭资产参与项目的投入-收益率	预期性
①自然资源类资产的投入-收益率	
②资金类经营性资产的投入-收益率	
③固定设施类经营性资产的投入-收益率	
（3）建档立卡一般贫困户参与项目的年收入增长率	预期性
4. 建档立卡特别贫困户（人口）	
（1）建档立卡特别贫困户（人口）的项目参与率	约束性
（2）建档立卡特别贫困户家庭资产参与项目的投入-收益率	预期性
①自然资源类资产的投入-收益率	
②资金类经营性资产的投入-收益率	
③固定设施类经营性资产的投入-收益率	
（3）建档立卡特别贫困户参与项目的年收入增长率	预期性

备注：农村建档立卡特别贫困户是指含有无劳动能力和弱劳动能力家庭成员的农村贫困家庭。

资产收益扶贫具有明确的目标导向，需要运用效能评价的方法。作为一种政策思路并相应建立政策议程，资产收益扶贫是从促进农村建档立卡失能和弱能贫困人口增收脱贫的政策问题出发，其源起和成效都指向实现这一政策目标。

（二）结果导向与效率评价方法

效率评价方法的特点是进行投入和产出评价，即试估计一项计划的成本，并且判断是否存在成本更低的方式来实现同样数量和质量的产出。

生产经营活动的目标是实现利润的最大化。资产收益扶贫项目是企业、政府、农民合作社、贫困人口等多种主体共同参与的生产经营项目，项目的持续运行和积累收益都要以利润最大化为导向。而企业是经营管理活动最有效的主体，参与项目的各类主体，将其所有的自然资源类、经营性固定设施类和资金类资产投入企业、委托其经营管理，有利于发挥企业经营管理优势和实现盈利，从而为实现扶贫目的提供保障。

（三）过程评价

过程评价着眼于整体，强调执行计划的组织方法，包括规则和操作规程，目的是检验过程的合理性和效率。为此，政策执行通常被分解为独立的部分，如组织评价、财务评价等。

资产收益扶贫机制的运行过程，是参与项目的各类主体在互动过程中渐进完善的过程。比如在全过程管理视野下，调整和创新设置政策、考评贫困主体参与经营管理的参与度等。

（四）适用性和可行性评价

相比效能、效率和过程评价，适用性和可行性评价是一种综合性评价，突出政策实施背景条件的差异性。可行性评价可以分为自然环境可行性、经济可行性、政治可行性和技术可行性。

资产收益扶贫主要关注自然环境可行性、经济可行性和技术可行性。技术可行性包括现有的技术和方法能否支持目标的实现、政策方案在技术上能多大程度实现政策目标两方面内容。

四、评价结果及其运用

（一）典型案例和试点调研的结果评价

资产收益扶贫从 2015 年 6 月提出思路，到同年 11 月正式列入顶层设计中，国务院扶贫办组织实施了资产收益扶贫典型案例调研和试点调研。由于资产收益扶贫尚处在总结地方多样化实践经验的初期认识阶段，因此，两次调研总结中对资产收益扶贫项目的效果评价主要偏重于定性评价，尚未提出评价指标和进行量化评价。

1. 典型案例调研的结果评价

在实施精准扶贫战略的背景下，针对贫困地区农村中丧失劳动能力、无力自主脱贫的建档立卡贫困人口如何稳定增收的问题，国务院扶贫办于 2015 年 6 月提出实施资产收益扶贫的思路，同时，对 7 个省 9 个县实施的具有特色的扶贫项目开展典型调查，经过归纳总结实践经验，提炼出资产收益扶贫的要素和特点。

（1）典型案例中资产投入及直接受益情况。2015 年 6～7 月，国务院扶贫办组织对 7 省 9 县进行了资产收益扶贫典型案例调研。典型案例中资产投入及直接收益情况如表 6－2 所示。

表 6－2 各案例资产投入及直接收益情况

项目名称	项目投入（万元）	直接覆盖农户数（户）	其中：贫困农户（户）	户均投资（万元）	直接收益（万元）	收益率（%）	户均收益（万元）	村集体收益（万元）
安徽金寨光伏扶贫	16 022.40	6 676	5 689	2.40	2 002.80	12.50	0.30	0
河北赤城生猪养殖	140.00	100	100	1.40	29.00	20.71	0.28	6.60
黑龙江安全农机合作社	300.00	679	145	0.44	40.00	13.33	0.27	0
江苏响水大规模机械耕种	75.00	197	197	0.38	5.86	7.81	0.03	0
青海共和旅游扶贫	45.00	70	70	0.64	10.50	23.33	0.15	0
青海兴海商铺购置	3 759.80	4 054	—	0.93	—	—	—	—
四川苍溪猕猴桃生产基地	719.00	426	127	1.69	23.37	3.25	0.04	5.61
重庆石柱县旅游扶贫	108.00	36	36	3.00	10.80	10.00	0.27	0

注：青海兴海商铺购置项目尚未产生收益。

（2）资产收益扶贫的适用对象、条件和存在的主要问题。调研报告中对资产收益扶贫的特点和优势进行了总结：一是对失能和弱能贫困人口具有针对性和有效性；二是具有高效的到户模式和资产积累方式；三是有利于增强贫困村集体积累和经营性收益；四是有利于提高扶贫资金的使用效率；五是有利于资金整合和提高帮扶的精准度；六是有利于提高贫困农户的组织化程度和参与度。

报告认为，要因地制宜探索实施不同类型的资产收益扶贫项目。总结调研案例，资产收益扶贫项目可按照投资对象分为农业产业类项目、自然资源类项目和投资类项目。农业产业类项目将资产化的各类资金资源投向种植业、养殖业等农业产业领域；自然资源类项目利用本地自然资源，将自然资源资本化投入项目；投资类项目的投资标的为实物资产或货币资产。

报告总结了典型案例中存在的主要问题：一是直接投资回报率较低，增收效果不明显；二是部分项目投资周期较长，一段时间内无法实现收益；三是项目面临多种风险，收益不稳定；四是收益分配未向失能贫困户倾斜，存在平均主义倾向；五是部分项目中贫困农户参与度低；六是分配机制的持续性存疑，法律风险值得警惕；七是缺少有效监督机制，企业、大户等经营主体存在道德风险；八是缺少风险管理机制，兜底政策不完善；九是尚未建立动态管理机制。

2. 试点调研的结果评价

在政策设置的逐步完善的同时，为检验资产收益扶贫实践的可行性和有效性，为进一步探索完善政策设置，国务院扶贫办于2015年10月对甘肃、江西、湖南、贵州和四川五省开展资产收益扶贫项目政策试点，并于2016年4月对试点省份进行评估调研，对资产收益扶贫的内涵、特点和实践可行性增进了认识。

（1）调研案例中直接投资类资产收益扶贫项目的一般收益率。通过对调研案例项目的直接投入所产生的收益进行比较，报告认为，就目前的政策条件和实施情况来看，以政策性资金折股配置到户方式为特点的资产收益扶贫案例项目，其收益率一般为10％左右。若按照10％的项目收益率来计算，贫困户每户股本金达到3万元，才能保证贫困农户家庭每人年增收达到1 000元左右和保证其在2020年前完成脱贫。因此，在当前经济下行压力加大、社会投资回报率偏低的背景下，实施资产收益扶贫项目，需要适度加大项目投入力度，才能保证项目实施的扶贫效果。

（2）试点案例中存在的主要问题。

一是经济下行压力加大，项目收益难以保证。对于浮动收益项目，各省按照脱贫任务规定了8％～15％的保底收益率，但在经济下行压力加大、经济增速放缓的大背景下，将资产收益项目与优质公司、合作社联结，获得保底收益的难度越来越大。加之现有扶贫资金投入总量有限，户均投资水平低，进一步限制了项目的实际收益水平，难以帮助贫困农户实现稳定脱贫的目标，对于不能获得间接收益的失能贫困户更是杯水车薪，难以明显改善其生活状况。现有的资产收益型扶贫项目往往与“国”字头企业合作，很难完全交给市场进行运作。

二是项目面临多重风险，保险政策不完善。以入股分红模式投资于产业的项目均面临着市场风险、政策风险和自然风险等多方面的风险因素。这一问题在农业产业类投资项目中最为明显，项目所面临的自然风险可能与贫困农户自身的生产经营风险同时暴露，将导致贫困农户经营性收入水平下降的同时，资产性收入也显著减少。此外，对于浮动收益项目，其面临的市场风险也会导致投资回报存在较大的不确定性。

三是财政资金入股主体不明确，企业报账程序烦琐。部分试点项目以财政资金入股企业进行基础设施等建设，其入股参与主体为政府，而根据财政资金管理办法，政府直接参与企业经营、入股企业是违规行为。企业使用财政资金进行各项建设后，需要按照财政资金管理办法进行报账，报账程序烦琐，也增加了企业可能面临的违规风险。在实际操作中，企业自有资金和财政资金共同投入，很难逐一区分各类资金的用途，增加了企业的运行成本。

四是项目资金整合难度大，碎片化问题突出。财政资金使用碎片化问题突出，资金条块分割管理，多渠道资金的重复交叉和部门间难以协调配合，整合资金难度较大。以县级为主体进行资金项目整合难以实现，各部门资金整合过程中往往出现用途改变、权力再分配的情况，不仅在审计上存在重大风险，实际推进过程中也存在很大阻力。

五是产权障碍仍然存在，部分尝试存在政策风险。农村集体产权不明晰使得农村土地入股的尝试存在风险，一旦企业破产，农户土地的经营权处理十分困难。在以入股为主要投资形式的尝试中，资产收益型扶贫项目既要保障保底收益，也要参与企业利润分成，同时农户不参与企业经营管理，这与我国公司法中对于股权的规定并不相符，从法律角度看存在一定风险。部分地区尝试以信用资金参与企业经营，可能与《贷款通则》中“信贷资金不允许从事股本权益性投资”的要求不相符，撬动信贷资金参与资产收益扶贫项目在政策上仍然受到限制，没有实质性突破。

（二）效果评价的运用

对于资产收益扶贫项目和机制进行效果评价，要兼顾定性评价和定量评价。在整体评价中，效果评价需要在具体实施资产收益扶贫的实践中灵活运用。这是因为在不同的物质、环境条件和项目类型中实施的资产收益扶贫项目存在差异，而没有单一的实施标准，因而需要针对实施资产收益扶贫机制的不同产业项目载体，灵活运用评价指标和进行整体评价。在量化评价中，可以在实践认识的基础上，进一步探索构建复合评价指标体系和运用数据处理方法，对资产收益扶贫项目进行有效的量化综合评价。

1. 对不同类型的产业项目进行整体评价

环境条件是实施资产收益扶贫的前提，决定了农业产业类项目的整体收益率。自然禀赋是发展农业产业类项目的前提条件，农业因地理、气候等自然生态环境差异而具有地方性特点，一些贫困地区拥有“绿水青山”的生态禀赋，具备发展特色农业的条件。

从地理区位和自然条件而言，我国的贫困农村主要分布在广阔的中西部山区，山区地理条件制约了大多数贫困村发展规模农业，不同的气候条件也决定了贫困地区要因地制宜发展种养类农业产业。另外，农产品销售的市场环境也需要在实施项目之前予以考虑。在调研中发现，有条件的贫困村依托自身禀赋发展特色农业和优质农产品的市场前景和收益效果较好。

从资产投入和收益的角度而言，在农业产业类项目中，贫困村所有和贫困户承包的土地资源，通过流转或股权化参与种养类资产收益扶贫项目，效果评价需要重点考量参与投入的土地资产的类型、土地股权的设置和收益率。在投资类资产收益扶贫项目中，主要的资产类型是由财政资金、信贷资金和社会资金组合形成的资金资产，效果评价需着重考量各类资金资产的投资回报率；对于投资建设形成的固定设施类资产，效果评价要考量通过出租或入股方式投入的投资回报率。

从分配角度而言，要对项目覆盖的贫困人口这一约束性指标进行评价。还要针对不同类型产业项目设置的股权分配比例和分配量进行评价，重点关注丧失劳动能力和劳动能力较弱贫困人口的增收效果。

2. 探索构建复合指标体系对项目进行量化评价

各个单项评价指标仅对资产收益扶贫的各个子目标分别进行评价，将诸单项指标综合起来构建复合指标体系，为量化评价项目提供了统一的量纲。探索构建复合指标体系，将其用于评价资产收益扶贫项目的重点，是在具体的实施条件和情况的基础上，合理分配各分项指标的权重和选择合适的运算方法。另外，对于带动贫困户劳务参与和促使其有效增加工资收入或技能的资产收益扶贫项目，除了考量项目带来的直接收入，还应设计贫困户获得间接收益的指标和方法，一并纳入考量整体减贫效果。

第七章　资产收益扶贫面临的挑战及发展方向

一、资产收益扶贫项目面临的挑战

（一）资产产权不明晰，后续管理存在隐患

资产收益扶贫项目中，由于投入资产的复杂性使产权界定产生困难，如果不能及时完善产权界定，项目在后续的动态管理和资产退出上可能产生较大分歧。

农村集体产权不明晰使得农村土地入股的尝试存在风险，一旦企业破产，农户土地的经营权处理面临多重阻碍。在以土地入股为主要投资形式的尝试中，按照法律相关规定，企业经营失败意味着土地的清算，而贫困地区农户土地如何清算、能否清算都存在着极大的争议。

在入股为主要方式的资产收益型扶贫项目中，参与项目的资产既要保障保底收益，也要参与企业利润分成，同时农户不参与企业经营管理，这与我国公司法中对于股权的规定并不相符，在法律方面存在一定风险。

部分地区尝试以信用资金参与企业经营，通过银行信贷放大扶贫资金，有效扩大了项目的覆盖范围和收益程度。但值得注意的是，这一形式与《贷款通则》中“信贷资金不允许从事股本权益性投资”的要求不相符。因此，撬动信贷资金参与资产收益扶贫项目在政策上仍然受到限制，缺少法律依据。

部分试点项目以财政资金入股企业，进行基础设施等建设，其入股参与主体为政府，而根据财政资金管理办法，政府直接参与企业经营、入股企业是违规行为。因此，设立政府引导基金或政府背景的产业基金直接参与企业经营可以有效解决这一矛盾。而在政府资金参与经营的实际操作中，企业使用财政资金进行各项建设后需要按照财政资金管理办法进行报账，程序烦琐，也增加了企业可能面临的违规风险。部分地方的财政制度要求政府的资金与企业资金合并使用，必须清晰界定政府资金的使用范围和投资对象，而在项目实施过程

中，企业自有资金和财政资金共同投入，很难逐一区分各类资金的用途。这一点增加了企业的运行成本，可能使得原本希望参与项目的企业退却。

（二）项目面临多重风险，防范机制尚未健全

资产收益扶贫项目通过将资产投向市场获得收益，这意味市场风险成为项目运行过程中不可避免的问题。而大量资产投向农业企业则使得农业自有的自然风险与市场风险叠加，项目不确定性增强。

1. 股权类投资

对于股权性质投资项目，其存在资产损失、收益波动以及道德风险等三方面问题，可能影响项目的效果和实施。

公司破产风险使得资产安全问题成为关注的焦点。一旦资产收益扶贫项目对接的市场主体出现破产风险时，属于农户、村集体甚至是财政资金都会受到损失。由于股份分配在破产清偿过程中的顺序靠后，低于债务资产，因此，一旦市场主体破产，股份性质的资产将遭受更大的损失。资产本身的性质也会使得项目的法律风险加大。如农户以土地入股，在破产清偿环节中，土地的所有权并不属于农户，无法出售或转手，那么这部分资产的处理将存在法律障碍。对于集体资产也类似。如何清算、是否清算等问题虽然在项目之初不是一个主要问题，但无疑是不可忽视的、影响项目可持续性的关注点之一。

资产收益扶贫项目中，股权投资意味着资产以股份形式参与公司经营，获得分红。一般情况下，股份公司的分红是将当年的收益，在按规定提取法定公积金、公益金等项目后向股东发放，是股东收益的一种方式。显然，公司每年的股份分红与公司的财务偏好、经营状况紧密相连。对于以普通股形式参与市场主体经营的股份，其红利并不固定，视公司盈利情况而定，利多多分，利少少分，无利不分，上不封顶，下不保底，且公司只有在获得利润时才能分红，一旦公司经营业绩下滑甚至亏损，分红自然会随之减少，导致项目资产收益下滑，影响当年农户和村集体的收益水平。除经营业绩之外，公司的财务制度本身也会对是否分配红利、分配多少红利产生影响。公司在扩张期对于资金要求较高的阶段很可能倾向于留存更多利润用于未来发展降低融资成本，可能在某些年份的红利发放水平较低。虽然这样的分配方式是符合相关的法律规定的，也符合一般投资的预期和规律，但是在资产收益扶贫项目中，项目的投资人和收益人是脆弱性极高的贫困人口，其收入水平本身较低，一旦项目收益出现波动，很可能影响其全年的生产和消费计划，甚至重新陷入贫困。资产收益扶贫项目的一个重要目标就是为贫困人口提供稳定、长期的收入，股份分红本身的波动性和市场风险使得这一目标实现困难。

资产收益扶贫当中的道德风险也是不可回避的问题，这一点在股份性质的

资产投资中尤其值得重视。股份分红与公司的经营收入、成本核算和利润水平紧密相关，扶贫资产投入后如何对公司财务进行监督会直接影响项目的分红水平。扶贫资金投入企业、大户和由能人掌控的合作社后，如果对投资对象的生产经营行为、财务状况等缺少有效监督，就存在企业、大户和合作社侵占贫困户利益的风险。在入股分红、浮动收益分配机制下尤其应当重视此类情况。企业的生产经营状况，尤其是财务信息，与投资分红密切相关，而现有案例中的投资对象多为中小企业和合作社，往往存在内部控制不严、外部监管不足的问题，如果在项目中难以形成有效的监督机制，则可能出现企业、大户隐瞒或伪造财务信息，侵占扶贫资金的收益的情况。在现有案例中，部分地区监督机制缺位，大户存在隐瞒真实利润、减少分红的道德风险已经成为一项普遍存在的问题，这可能对项目的进一步推动造成障碍。虽然部分地区在实践中已经注意到这一问题，并建立了相应的监督机制，如派专人进驻企业参与日常生产经营，但负责执行的人员缺少专业的财务知识等，机制有效性不容乐观。

2. **农业项目投资**

对于投资对象为农业的项目，其面临的不仅仅有市场风险，也包括自然风险。这种自然风险可能与农户自身经营性收入的波动叠加，造成农户收入波动加剧。自然风险的一大特点就是区域性，如果一地发生较大的自然风险，受到影响的不仅有当地投资的农业公司，还有当地农户。当年公司经营状况受到负面影响的同时，农户自身的经营性收入也可能有同方向的波动，这就导致贫困农户在自身经营性收入偏低的同时，通过政府帮扶获得的财产性收入也受到了负面影响。自然风险可能使得资产收益扶贫项目非但难以“锦上添花”，反而形成“雪上加霜”的局面。

市场风险和自然风险是资产收益扶贫项目中不可避免的风险，而建立针对这些风险的防范机制也并非易事。资产收益扶贫的一大特点就是市场化的运作，这就意味着无论是何种资产，只要进入市场，就要尊重市场规律、接受价格机制的控制。扶贫资产也不例外。部分地区在实际运作中，政府与参与资产收益扶贫的经济实体往往达成“负盈不负亏”的约定。这样的分配机制看似有利于扶贫资金获取稳定收益，降低风险，实际上项目的可持续性却不一定能够保障，且暗藏法律风险。扶贫资金投入时，投资对象多处于经营发展情况较好的阶段，有能力按照政府要求的分配方式分红。但若后续经营出现问题，其自身利润水平降低，甚至出现亏损时，经营主体可能无力分红。强制分红会损害企业的可持续发展能力。“负盈不负亏”的约定和受益分配方式也没有经过严格的法律程序，也未必能获得司法机关的认可，导致这种风险防范机制从长远看不一定能得到落实。

3. 自然资源类项目

对于自然资源类项目，除了股权类投资可能面临的风险外，还面临着政策变动造成的风险。这一点在光伏扶贫项目中表现明显。光伏扶贫项目发展初期，国家能源局对全部光伏发电进行了补贴，有力推动了项目的开展和农户的收益增加。但是随着光伏发电的扩张，弃风弃光问题突出、财政补贴缺口扩大。截止到2016年上半年，可再生能源补贴缺口高达550亿元，原有的补贴方式难以为继，决策部门压力增大，产业发展前途遇到挑战。2016年年底，发展和改革委员会对于分资源区部分光伏发电下调补贴。除了光伏扶贫，水电开发等项目在一定程度上也依赖于政策的稳定性。因此，在项目设计和发展的过程中，应当充分考察市场发展趋势，对于可能的政策变动提出防范措施。

（三）项目收益水平低，可持续性存疑

资产收益扶贫作为我国2020年脱贫目标实现的重要手段，只有保障收益率，项目效果才能真正显现，并帮助贫困户实现脱贫。2014年我国贫困人口人均家庭纯收入为2 561元，而脱贫标准为2 736元。按照现有项目8%的平均收益率，每人每年增收175元的标准，每人需投入2 187.5元资金或等值资产。

在调研的全部案例中，扶贫资金直接投资回报率不高，户均投资1.73万元，户均收益0.18万元。对于实现失能贫困人口脱贫这一目标来说，投资回报率远远不够。现有资产收益扶贫项目大多依托于县域特色产业，如猕猴桃种植、食用菌、农业机械化服务、乡村旅游等。这些产业在贫困地区技术和管理水平不高，投资回报率有限。加之现有扶贫资金投入总量有限，户均投资水平低，进一步限制了项目的实际收益水平，难以帮助贫困农户实现稳定脱贫的目标，对于不能获得间接收益的失能贫困户来讲更是杯水车薪，难以显著改善其生活状况。

伴随着我国经济下行压力，实体经济投资回报率逐步降低，对于参与各种产业的扶贫资产收益也不可避免地下跌。在资产收益扶贫项目中，如何寻找到发展良好、前景稳定且愿意承接扶贫资产的产业和企业成为最重要和最关键的问题。

除了直接收益水平较低外，部分项目农户参与度不足的问题也应当引起重视。正如前文所述，对于异地投资和部分高技能类投资，农户很难参与到企业的生产经营活动中去，这就意味着资产收益扶贫项目收益主要是直接收入，缺少间接收入，这将进一步加剧项目收益的不稳定性，削减项目的帮扶功能。无法参与市场经营也意味着项目目标中提升贫困人口提倡意识、促进其自我发展的功能无法实现。缺少参与性的资产收益扶贫政策发挥的作用更加接近于救

济，只能保障基本生活，可能形成等、靠、要的思想，不利于扶贫工作的深入开展。

（四）收益分配益贫性实现困难，动态管理机制尚未健全

在现有案例中，资产收益分配过程中基本没有向失能贫困户倾斜，而是向全部贫困农户平均分配。资产收益扶贫政策的一个重要出发点是帮助失能贫困户脱贫，这就必然要求在核心的收益分配环节体现出对失能贫困农户的倾斜。但是这一目标的实现往往受制于资产所有权。当以集体资产参与项目时，由于其归属属于全体村民，而村集体很难将这部分收益进行有倾斜性的分配。基层组织往往担心，如果向失能贫困农户倾斜，贫困户之间容易出现矛盾，不利于稳定发展，因此退而求其次地选择了平均主义的分配方案。更重要的是，由于失能贫困户没有能力通过参与生产活动获得间接收益，导致他们在整个项目的发展过程中受益是最低的。

除了收益分配本身，分配机制的动态调整机制缺位也是资产收益扶贫项目面临的巨大挑战之一。在资产收益扶贫项目中，受益贫困户的调整机制尚未全部建立，使得在资金总量有限的情况下，项目帮扶范围有限。部分地区提出了“帮扶年限”概念，在对某贫困户帮扶一定时间后，会将其调整出受益对象，加入新的贫困户；部分地区则按照收入标准对贫困户进行定期调整，但是这类动态管理机制面临着农户返贫风险高的弊病。对于通过资产收益扶贫中直接收益达到贫困标准脱贫的农户，一旦将其调整出列，不再获得资产收益，那么其经济状况是否还能维持，是否会由于财产性收入的消失而重新回到贫困人口的行列中，值得政府部门关注和思考。

二、资产收益扶贫项目未来发展方向

（一）尊重市场规律，平衡项目效率和公平

与传统的政府主导资产收益扶贫项目不同，资产收益扶贫项目引入市场主体参与这一特点决定了其必须在项目参与多方主体中进行利益平衡，尤其是贫困户和市场主体间的平衡。从村集体和农户角度出发，资产收益项目是政府主导的一类扶贫项目，必须要实现脱贫增收、促进贫困户能力发展的目标；但与此同时，作为项目重要参与者的市场主体，虽然抱有极其强烈的社会责任感来参与此类项目，但是保证其经济利益仍然对项目发展有着决定性作用。一方面，企业的利润空间、现金流量、资产积累等经济利益指标决定了其存续周期，进一步也就决定了项目的发展周期。另一方面，市场主体参与项目的激励主要来自于经济利益。从长远来看，一个缺少经济利益激励的企业不可能长久

合作，最终实现项目目标。

要实现这一平衡的双赢目标就要求政府做好项目设计和协调的工作。首先，扶贫部门应当积极协调其他职能部门，应当在现行的合理合法的框架内充分考虑企业的成长发展，以最大的可能让利市场主体，鼓励其参与。在现有案例中，降低土地出让价格、配套基础设施建设、政府奖励资金等方式经常被用于鼓励企业积极性方面，取得了很好成效。当然，不同项目、不同企业、不同地区的差异要求扶贫部门必须协调多个职能部门，充分挖掘政策空间，最大限度地鼓励市场主体参与。其次，充分了解经济金融市场发展规律和趋势，在坚持保底收益的基础上，设计多种类型的收益方式，保障贫困户和村集体的权益。在项目设计中，兼顾保底收益对贫困户生计的重要性和浮动收益可能带来的高风险、高收益，完善风险保障机制，引入保险、银行等金融机构和现代化制度，降低项目风险。同时，充分利用项目灵活性，设计租金、利息、分红等多种收益方式，保障贫困户和村集体在项目实施过程中的利益。

当然，无论是市场主体还是农户利益的实现，都必须强调市场规律在其中发挥的重要作用，尊重市场规律、发掘市场潜力、关注市场动向是决定资产收益扶贫项目成败的重要作用。

（二）充分协调各个职能部门，实现“大扶贫”格局

资产收益扶贫要求在项目的各个环节实现多部门的配合，以“大扶贫”的格局来扩展可利用资源，落实项目各个环节，保障项目收益等。

在涉及项目可调动资源方面，扶贫部门自有资源十分有限，而贫困地区的光能、水电、耕地、集体用地以及其他资本等涉及能源、发展和改革委员会、农业、林业等多个部门，要想动员更多可利用资本进入资产收益扶贫项目，就必须充分与各个职能部门实现合作，在了解各类资本资源的适用规范下，尽最大可能撬动贫困地区资源参与项目。除了常见资源外，多部门之间的合作可以为项目设计带来更多的“灵感”，不同职能部门对自己掌握资源的敏锐度可以为项目提供更多想法和操作意见。

在项目实施过程中，多部门合作可以有效防控风险，提高项目效率。扶贫部门的传统决定了其对贫困地区和贫困农户的深入了解，但是资产收益扶贫项目突破了原有的项目参与主体，可能会给扶贫部门带来更大的挑战。因此，多部门合作意味着多角度对项目把脉，各部门取其长处，共同对项目把脉，无疑将会增强对市场的判断，充分掌握经济规律，改善项目效率。

金融系统的介入不仅可以从以上两个方面对项目发展产生积极影响，同时还可以为项目提供更加全面的保险方式，改善项目的安全性。

“大扶贫”格局的建立对于资产收益扶贫项目有着重要的意义，在项目实

施过程中必须要加以重视，改变扶贫部门单打独斗的状态，真正实现资源整合。

（三）分类帮扶，因户施策，能力发展与即期收益相平衡

资产收益扶贫项目在收益方式中首先要强调对农户的分类识别和帮扶。对于无劳动能力农户，保证其项目参与权和基本利润应当作为项目设计的主要目标；对于具备劳动能力，因病因学致贫的农户，应当鼓励其积极参与，为其创造有利于项目参与的条件，保障其同时兼顾照顾家庭和项目参与两个方面。而对于发展能力欠缺的农户，项目为其提供的能力发展条件是帮助其最终摆脱贫困的重要途径，应当积极向企业或其他市场主体争取培训、新技术推广等机会，强调能力建设的重要性。对于受制于基础设施的贫困农户，在项目设计中应当强调企业为当地市场发展做出的贡献，兼顾直接效益和间接效益。

资产收益扶贫项目在传统扶贫项目中引入了企业参与，也就是引入了市场的参与。政府部门应当紧紧抓住这一机遇，为贫困地区市场发展注入活力，增强贫困农户市场意识，充分利用市场发展带来的溢出效应，发展农户自身能力，从根本上解决贫困农户的发展问题。在这一过程中，农户能力发展与即期利润获得可能存在矛盾。项目设计中应当充分考虑这两个方面，兼顾因户施策的要求。对于不具备劳动能力的农户应当充分降低能力发展权重，强调稳定的保底利润；而对于其他具备发展潜力的农户，可以考虑适当降低当期利润要求，而强调能力发展方面的作用。当然，这种权衡必须以资金的基本收益作为底线，避免扶贫资金被“挪用”。

（四）加强扶贫部门市场意识，培养市场敏锐度

资产收益扶贫项目要求扶贫部门为主的各个相关政府部门充分了解市场规律，培养敏锐的市场触角，这样才有可能在繁复的市场主体中大浪淘沙找出最适合的项目承接者，才有可能在市场发展中找出发展最为稳定、收益率最高的项目机会。

培育市场敏锐度要求扶贫干部不断提高自我修养，加强相关知识的了解学习。随着扶贫工作的不断深入，扶贫干部原有的知识体系很难完全适应新的项目要求，因此进一步地补充经济学、金融学等相关知识对于项目发展至关重要。除了知识本身的学习，相关经验的积累、市场信息的获取也应当成为扶贫干部的“必修课”之一。作为资产收益类扶贫项目把关的“守门人”，扶贫干部自身对于市场发展的认识和理解决定了项目的前景和获益水平。当然扶贫干部的自身学习要求扶贫的组织体系提供相应的便利条件，如定期的信息推送、组织学习培训、鼓励更多相应学科的人才进入扶贫部门以及鼓励现有干部的进

一步深造学习。当然，“大扶贫”格局自身的创建本身就将更多的经济和金融人才引入了扶贫格局。

经验介绍和针对性培训有助于各地开阔视野，完善资产收益扶贫项目。虽然各地有自己的特殊性，但是相关的经验交流对于扶贫部门开阔视野具有重要意义。尤其是作为新型的扶贫项目，各地都处于初步探索阶段，相互之间的交流学习将会有助于现有项目的完善，启发各地进一步发掘项目的可能性。

附录　资产收益扶贫政策摘编

资产收益扶贫是聚焦完全或部分丧失劳动能力和难以凭借自身能力增收脱贫的贫困人口，提出的一项创新型政策议程和扶贫举措。资产收益扶贫涉及从资产形成、瞄准参与主体、明晰权属关系、构建组织形式、创新经营管理、有效分配收益的全过程。作为由顶层动议和自上而下提出的一项扶贫政策设计，在政策实践中，需创新出台相关的财政、金融、产业等配套政策，为在不同条件下实施不同类型的资产收益扶贫项目创造良好的政策环境。本章聚焦政策文本，在资产分类的基础上，摘编与资产收益扶贫相关的政策，主要包括总体规划类政策、产权政策、财政和金融支持政策、合作经济组织政策、资本市场扶贫政策。划分资产类型的相关政策围绕土地资源和固定设施、资金、光伏、水电和矿产进行分类和整合。

一、资金收益扶贫的主要政策文件

（一）总体规划

《国务院关于印发全国农业现代化规划（2016—2020 年）的通知》（国发〔2016〕58 号）中明确“精准培育特色产业。以促进贫困户增收为导向，精选市场潜力大、覆盖面广、发展有基础、有龙头带动的优势特色产业，实施贫困村‘一村一品’产业推进行动。到 2020 年，贫困县初步形成优势特色产业体系，贫困乡镇、贫困村特色产业增加值显著提升，每个建档立卡贫困户掌握1～2项实用技术。”规划重点支持贫困村、贫困户发展种养业和传统手工业，实施电商扶贫、光伏扶贫、乡村旅游扶贫工程，确保到 2020 年 3 000 万以上贫困人口脱贫。对生态敏感和脆弱地区的贫困人口，加大生态补偿力度和生态保护修复工程实施力度，创造更多就业岗位。

在推进产业精准脱贫、精准帮扶贫困农户章节中，提出“探索资产收益扶贫，通过财政涉农资金投入设施农业、养殖、光伏、水电、乡村旅游等项目形成的资产折股量化以及土地托管、吸引土地经营权入股等方式，让贫困户分享更多资产收益”。

（二）产权政策

产权关系是资源实体和价值实质的伴生内容，一旦资源创造出价值，也就衍生出产权问题。产权是所有制的核心，产权和所有制问题最终由法律加以明确和规范。十八届三中全会对完善产权保护制度做出了设计，提出“健全归属清晰、权责明确、保护严格、流转顺畅的现代产权制度”的目标。

现行法律关于农村土地、林地、集体房屋等自然资源和固定财产，规定由农民集体所有，农村集体所有制是我国社会主义公有制的重要组成部分。但是农户享有哪些具体的财产权利，如农户对其承包地的支配权、农户委托公司投资享有的收益权，在法律上需要进一步明确，为其财产参与市场经济奠定可靠的基础。

1. 国务院办公厅《关于引导农村产权流转交易市场健康发展的意见》（国办发〔2014〕71号）对农村产权交易涉及的诸方面提出了规范。

（1）定位和形式。①性质。农村产权流转交易市场是为各类农村产权依法流转交易提供服务的平台，包括现有的农村土地承包经营权流转服务中心、农村集体资产管理交易中心、林权管理服务中心和林业产权交易所，以及各地探索建立的其他形式农村产权流转交易市场。现阶段通过市场流转交易的农村产权包括承包到户的和农村集体统一经营管理的资源性资产、经营性资产等，以农户承包土地经营权、集体林地经营权为主，不涉及农村集体土地所有权和依法以家庭承包方式承包的集体土地承包权，具有明显的资产使用权租赁市场的特征。流转交易以服务农户、农民合作社、农村集体经济组织为主，流转交易目的以从事农业生产经营为主，具有显著的农业农村特色。流转交易行为主要发生在县、乡范围内，区域差异较大，具有鲜明的地域特点。②功能。农村产权流转交易市场既要发挥信息传递、价格发现、交易中介的基本功能，又要注意发挥贴近“三农”，为农户、农民合作社、农村集体经济组织等主体流转交易产权提供便利和制度保障的特殊功能。适应交易主体、目的和方式多样化的需求，不断拓展服务功能，逐步发展成集信息发布、产权交易、法律咨询、资产评估、抵押融资等为一体的为农服务综合平台。③设立。农村产权流转交易市场是政府主导、服务“三农”的非营利性机构，可以是事业法人，也可以是企业法人。设立农村产权流转交易市场，要经过科学论证，由当地政府审批。当地政府要成立由相关部门组成的农村产权流转交易监督管理委员会，承担组织协调、政策制定等方面职责，负责对市场运行进行指导和监管。④构成。

县、乡农村土地承包经营权和林权等流转服务平台，是现阶段农村产权流转交易市场的主要形式和重要组成部分。利用好现有的各类农村产权流转服务平台，充分发挥其植根农村、贴近农户、熟悉农情的优势，做好县、乡范围内的农村产权流转交易服务工作。现阶段市场建设应以县域为主，确有需要的地方，可以设立覆盖地（市）乃至省（自治区、直辖市）地域范围的市场，承担更大范围的信息整合发布和大额流转交易。各地要加强统筹协调，理顺县、乡农村产权流转服务平台与更高层级农村产权流转交易市场的关系，可以采取多种形式合作共建，也可以实行一体化运营，推动实现资源共享、优势互补、协同发展。⑤形式。鼓励各地探索符合农村产权流转交易实际需要的多种市场形式，既要搞好交易所式的市场建设，也要有效利用电子交易网络平台。鼓励有条件的地方整合各类流转服务平台，建立提供综合服务的市场。农村产权流转交易市场可以是独立的交易场所，也可以利用政务服务大厅等场所，形成“一个屋顶之下、多个服务窗口、多品种产权交易”的综合平台。

（2）交易品种。农村产权类别较多，权属关系复杂，承载功能多样，适用规则不同，应实行分类指导。法律没有限制的品种均可以入市流转交易，流转交易的方式、期限和流转交易后的开发利用要遵循相关法律、法规和政策。现阶段的交易品种主要包括：①农户承包土地经营权。它是指以家庭承包方式承包的耕地、草地、养殖水面等经营权，可以采取出租、入股等方式流转交易，流转期限由流转双方在法律规定范围内协商确定。②林权。它是指集体林地经营权和林木所有权、使用权，可以采取出租、转让、入股、作价出资或合作等方式流转交易，流转期限不能超过法定期限。③“四荒”使用权。它是指农村集体所有的荒山、荒沟、荒丘、荒滩使用权。采取家庭承包方式取得的，按照农户承包土地经营权有关规定进行流转交易。以其他方式承包的，其承包经营权可以采取转让、出租、入股、抵押等方式进行流转交易。④农村集体经营性资产。它是指由农村集体统一经营管理的经营性资产（不含土地）的所有权或使用权，可以采取承包、租赁、出让、入股、合资、合作等方式流转交易。⑤农业生产设施设备。它是指农户、农民合作组织、农村集体和涉农企业等拥有的农业生产设施设备，可以采取转让、租赁、拍卖等方式流转交易。⑥小型水利设施使用权。它是指农户、农民合作组织、农村集体和涉农企业等拥有的小型水利设施使用权，可以采取承包、租赁、转让、抵押、股份合作等方式流转交易。⑦农业类知识产权。它是指涉农专利、商标、版权、新品种、新技术等，可以采取转让、出租、股份合作等方式流转交易。⑧其他。农村建设项目招标、产业项目招商和转让等。

（3）农村产权流转交易主体方面的法律规定。凡是法律、法规和政策没有限制的法人和自然人均可以进入市场参与流转交易，具体准入条件按照相关法律、法规和政策执行。现阶段市场流转交易主体主要有农户、农民合作社、农村集体经济组织、涉农企业和其他投资者。农户拥有的产权是否入市流转交易由农户自主决定。任何组织和个人不得强迫或妨碍自主交易。一定标的额以上的农村集体资产流转必须进入市场公开交易，防止暗箱操作。农村产权流转交易市场要依法对各类市场主体的资格进行审查核实、登记备案。产权流转交易的出让方必须是产权权利人，或者受产权权利人委托的受托人。除农户宅基地使用权、农民住房财产权、农户持有的集体资产股权之外，流转交易的受让方原则上没有资格限制（外资企业和境外投资者按照有关法律、法规执行）。对工商企业进入市场流转交易，要依据相关法律、法规和政策，加强准入监管和风险防范。

2. 中共中央办公厅、国务院办公厅印发《深化农村改革综合性实施方案》（中办发〔2015〕49号），提出建立健全符合社会主义市场经济体制要求和社会主义初级阶段实际的农村集体产权制度，必须以保护农民集体经济组织成员权利为核心，以明晰农村集体产权归属、赋予农民更多财产权利为重点，探索社会主义市场经济条件下农村集体所有制经济的有效组织形式和经营方式，确保集体经济发展成果惠及本集体所有成员，进一步发挥集体经济优越性，调动集体经济组织成员积极性。

深化农村土地制度改革的基本方向是落实集体所有权，稳定农户承包权，放活土地经营权。落实集体所有权，就是落实“农民集体所有的不动产和动产，属于本集体成员集体所有”的法律规定，明确界定农民的集体成员权，明晰集体土地产权归属，实现集体产权主体清晰。稳定农户承包权，就是要依法公正地将集体土地的承包经营权落实到本集体组织的每个农户。放活土地经营权，就是允许承包农户将土地经营权依法自愿配置给有经营意愿和经营能力的主体，发展多种形式的适度规模经营。

深化农村土地承包经营制度改革。在基本完成农村集体土地所有权确权登记颁证的基础上，按照不动产统一登记原则，加快推进宅基地和集体建设用地使用权确权登记颁证工作。明确和提升农村土地承包经营权确权登记颁证的法律效力，扩大整省推进试点范围，总体上要确地到户，从严掌握确权确股不确地的范围。出台农村承包土地经营权抵押、担保试点指导意见。在有条件的地方开展农民土地承包经营权有偿退出试点。制定出台完善草原承包经营制度的文件，规范草原承包行为和管理方式，充分调动广大牧民保护和建设草原的积极性。引导农村集体所有的荒山、荒沟、荒丘、荒滩使用权有序流转。

分类推进农村集体资产确权到户和股份合作制改革。在确认农村集体经济组织成员身份、全面核实农村集体资产基础上，对土地等资源性资产，重点是抓紧抓实土地承包经营权确权登记颁证工作；对非经营性资产，重点是探索有利于提高公共服务能力的集体统一运营管理有效机制；对经营性资产，重点是将资产折股量化到本集体经济组织成员，赋予农民对集体资产更多权能，发展多种形式的股份合作。健全农村集体“三资”管理监督和收益分配制度；明确集体经济组织市场主体地位；建立符合实际需求的农村产权流转交易市场，保障农村产权依法自愿公开公正有序交易。现阶段农村集体产权制度改革严格限定在本集体经济组织内部进行，切实防止集体经济组织内部少数人侵占、支配集体资产，防止外部资本侵吞、控制集体资产。

3. 中共中央政治局于2015年11月29日召开会议做出的《中共中央国务院关于打赢脱贫攻坚战的决定》，将资产收益扶贫政策话语完整写入顶层设计中，提出“探索资产收益扶贫。在不改变用途的情况下，财政专项扶贫资金和其他涉农资金投入设施农业、养殖、光伏、水电、乡村旅游等项目形成的资产，具备条件的可折股量化给贫困村和贫困户，尤其是丧失劳动能力的贫困户。资产可由村集体、合作社或其他经营主体统一经营。要强化监督管理，明确资产运营方对财政资金形成资产的保值增值责任，建立健全收益分配机制，确保资产收益及时回馈持股贫困户。支持农民合作社和其他经营主体通过土地托管、牲畜托养和吸收农民土地经营权入股等方式，带动贫困户增收。贫困地区水电、矿产等资源开发，赋予土地被占用的村集体股权，让贫困人口分享资源开发收益”。

4.《中共中央　国务院关于落实发展新理念加快农业现代化实施全面小康目标的若干意见》（中发〔2016〕1号）对于深化农村集体产权制度改革，提出到2020年基本完成土地等农村集体资源性资产确权登记颁证、经营性资产折股量化到本集体经济组织成员，健全非经营性资产集体统一运营管理机制。探索将财政资金投入农业农村形成的经营性资产，通过股权量化到户，让集体组织成员长期分享资产收益。

5.《中共中央关于全面深化改革若干重大问题的决定》中提出，加快构建新型农业经营体系和赋予农民更多财产权利。一是加快构建新型农业经营体系。坚持家庭经营在农业中的基础性地位，推进家庭经营、集体经营、合作经营、企业经营等共同发展的农业经营方式创新。坚持农村土地集体所有权，依法维护农民土地承包经营权，发展壮大集体经济。稳定农村土地承包关系并保持长久不变，在坚持和完善最严格的耕地保护制度前提下，赋予农民对承包地占有、使用、收益、流转及承包经营权抵押、担保权能，允许农民以承包经营权入股发展农业产业化经营。鼓励承包经营权在公开市场上向专业大户、家庭农场、农民合作社、农业企业流转，发展多种形式规模经营。二是赋予农民更多财产权利。保障农民集体经济组织成员权利，积极发展农民股份合作，赋予农民对集体资产股份占有、收益、有偿退出及抵押、担保、继承权。保障农户宅基地用益物权，改革完善农村宅基地制度，选择若干试点，慎重稳妥推进农民住房财产权抵押、担保、转让，探索农民增加财产性收入渠道。建立农村产权流转交易市场，推动农村产权流转交易公开、公正、规范运行。

6.《中共中央 国务院关于稳步推进农村集体产权制度改革的意见》（2016年12月26日）对集体资产所有权和股份权利提出要求。

（1）明确集体资产所有权。在清产核资基础上，把农村集体资产的所有权确权到不同层级的农村集体经济组织成员集体，并依法由农村集体经济组织代表集体行使所有权。属于村农民集体所有的，由村集体经济组织代表集体行使所有权，未成立集体经济组织的由村民委员会代表集体行使所有权；分别属于村内两个以上农民集体所有的，由村内各该集体经济组织代表集体行使所有权，未成立集体经济组织的由村民小组代表集体行使所有权；属于乡镇农民集体所有的，由乡镇集体经济组织代表集体行使所有权。由集体统一经营资产的村（组），特别是城中村、城郊村、经济发达村等，应建立健全农村集体经济组织，并在村党组织的领导和村民委员会的支持下，按照法律法规行使集体资产所有权。集体资产所有权确权要严格按照产权归属进行，不能打乱原集体所有的界限。

（2）保障农民集体资产股份权利。组织实施好赋予农民对集体资产股份占有、收益、有偿退出及抵押、担保、继承权改革试点。建立集体资产股权登记制度，记载农村集体经济组织成员持有的集体资产股份信息，出具股权证书。健全集体收益分配制度，明确公积金、公益金提取比例，把农民集体资产股份收益分配权落到实处。探索农民对集体资产股份有偿退出的条件和程序，现阶段农民持有的集体资产股份有偿退出不得突破本集体经济组织的范围，可以在本集体内部转让或者由本集体赎回。有关部门要研究制定集体资产股份抵押、担保贷款办法，指导农村集体经济组织制定农民持有集体资产股份继承的办法。及时总结试点经验，适时在面上推开。

7.2016年12月26日出台的《中共中央 国务院关于稳步推进农村集体产权制度改革的意见》，针对贫困农民享有的集体资产股份权利，明确“赋予农民对集体资产股份占有、收益、有偿退出及抵押、担保、继承权改革试点”。具体内容，一是建立集体资产股权登记制度，记载股份信息，颁发股权证书。二是健全集体收益分配制度，落实资产股份分配权。三是探索资产股份有偿退出的条件和程序，在集体经济组织范围内部转让资产股份或者由集体赎回资产股份；四是研究制定集体资产股份抵押、担保贷款办法，目前已有实践。

8.《关于完善产权保护制度依法保护产权的意见》中提出，“深化农村土地制度改革，坚持土地公有制性质不改变、耕地红线不突破、粮食生产能力不减弱、农民利益不受损的底线，从实际出发，因地制宜，落实承包地、宅基地、集体经营性建设用地的用益物权，赋予农民更多财产权利，增加农民财产收益。”这意味着农民对于这“三块地”可以享有占有、使用、收益等权利。

9.《中华人民共和国农业法》规定：“第十二条　农民和农业生产经营组织可以自愿按照民主管理、按劳分配和按股分红相结合的原则，以资金、技术、实物等入股，依法兴办各类企业”。

10.《中华人民共和国物权法》对农民集体所有的不动产和动产的相关规定：“第五十八条　集体所有的不动产和动产包括：法律规定属于集体所有的土地和森林、山岭、草原、荒地、滩涂；集体所有的建筑物、生产设施、农田水利设施；集体所有的教育、科学、文化、卫生、体育等设施；集体所有的其他不动产和动产”；“第五十九条　农民集体所有的不动产和动产，属于本集体成员集体所有”；“第六十七条　国家、集体和私人依法可以出资设立有限责任公司、股份有限公司或者其他企业。国家、集体和私人所有的不动产或者动产，投到企业的，由出资人按照约定或者出资比例享有资产收益、重大决策以及选择经营管理者等权利并履行义务”。

该法对用益物权的相关规定：“第一百一十八条　国家所有或者国家所有由集体使用以及法律规定属于集体所有的自然资源，单位、个人依法可以占有、使用和收益”；“第一百一十九条　国家实行自然资源有偿使用制度，但法律另有规定的除外”；对于宅基地的规定：“第一百五十三条　宅基地使用权的取得、行使和转让，适用土地管理法等法律和国家有关规定”。

11. 国务院《关于开展农村承包土地的经营权和农民住房财产权抵押贷款的指导意见》（国发〔2015〕45 号）对法律授权实施政策创新试点做出说明：为加大对“三农”的金融支持力度，引导农村土地经营权有序流转，慎重稳妥推进农民住房财产权抵押、担保、转让试点，做好农村承包土地（指耕地）的经营权和农民住房财产权（以下统称“两权”）抵押贷款试点工作，进一步深化农村金融改革创新。具体的改革创新包括赋予“两权”抵押融资功能维护农民土地权益、推进农村金融产品和服务方式创新加强农村金融服务、建立抵押物处置机制做好风险保障几个方面的内容。对于实施政策试点，该意见明确在组织实施中需取得法律授权。“试点涉及突破《中华人民共和国物权法》第一百八十四条、《中华人民共和国担保法》第三十七条所规定的‘土地所有权和耕地、宅基地、自留地、自留山等集体所有的土地使用权不得抵押’等相关法律条款，由国务院按程序提请全国人大常委会授权，允许试点地区在试点期间暂停执行相关法律条款。”

（三）财政和金融支持政策

1. 中共中央办公厅、国务院办公厅印发《深化农村改革综合性实施方案》

（中办发〔2015〕49 号）在财政资金支持政策方面，提出建立农业农村投入稳定增长机制。把农业农村作为财政支出的优先保障领域，中央预算内投资继续向农业农村倾斜，确保农业农村投入只增不减。进一步优化财政支农支出结构，转换财政资金投入方式，通过政府与社会资本合作、政府购买服务、担保贴息、以奖代补、民办公助、风险补偿等措施，带动金融和社会资本投向农业农村，发挥财政资金的引导和杠杆作用。大力清理、整合、规范涉农转移支付资金，对“小、散、乱”及效果不明显的涉农专项资金要坚决整治；对目标接近、投入方向类同的涉农专项资金予以整合；对地方具有管理信息优势的涉农支出，划入一般性转移支付切块下达，由地方统筹支配，落实监管责任。建立规范透明的管理制度，杜绝任何形式的挤占挪用、层层截留、虚报冒领，切实提高涉农资金投入绩效。合理划分中央与地方支农事权，明确政府间应承担和分担的支出责任，推进各级政府支农事权规范化、法律化。

2. 国务院办公厅在 2016 年 4 月 22 日印发的《国务院办公厅关于支持贫困县开展统筹整合使用财政涉农资金试点的意见》（国办发〔2016〕22 号）中提出，在领导班子强、工作基础好、脱贫攻坚任务重的贫困县改革财政涉农资金管理使用机制，赋予贫困县成为统筹整合使用财政涉农资金的自主权的试点。并计划 2017 年推广到全部贫困县。

试点目标是通过试点形成“多个渠道引水、一个龙头放水”的扶贫投入新格局，激发贫困县内生动力，支持贫困县围绕突出问题，以摘帽销号为目标，以脱贫成效为导向，以扶贫规划为引领，以重点扶贫项目为平台，统筹整合使用财政涉农资金，撬动金融资本和社会帮扶资金投入扶贫开发，提高资金使用精准度和效益，确保如期完成脱贫攻坚任务。

试点的资金范围是统筹整合各级财政安排用于农业生产发展和农村基础设施建设等方面的资金。强调资金统筹整合使用要与脱贫任务挂钩，按照脱贫效益最大化原则配置资源，将脱贫成效作为衡量资金统筹整合使用工作成果的主要标准。

试点的工作措施：一是增强贫困县财政保障能力；二是加大对贫困县倾斜支持力度；三是发挥贫困县统筹整合使用资金主体作用；四是创新财政涉农资金使用机制；五是构建资金统筹整合使用制度体系。

（四）合作经济组织政策

1.《中华人民共和国农业法》对于农民专业合作经济组织的相关规定：“第十一条 国家鼓励农民在家庭承包经营的基础上自愿组成各类专业合作经济组织。农民专业合作经济组织应当坚持为成员服务的宗旨，按照加入自愿、退出自由、民主管理、盈余返还的原则，依法在其章程规定的范围内开展农业生产经营和服务活动。农民专业合作经济组织可以有多种形式，依法成立、依法登记。任何组织和个人不得侵犯农民专业合作经济组织的财产和经营自主权。”

2.《中华人民共和国农民专业合作社法》对于农民专业合作经济组织的相关规定：“第三十五条　农民专业合作社可以按照章程规定或者成员大会决议从当年盈余中提取公积金。公积金用于弥补亏损、扩大生产经营或者转为成员出资。每年提取的公积金按照章程规定量化为每个成员的份额”；“第三十六条　农民专业合作社应当为每个成员设立成员账户，主要记载下列内容：该成员的出资额、量化为该成员的公积金份额、该成员与本社的交易量（额）”；“第三十七条　在弥补亏损、提取公积金后的当年盈余，为农民专业合作社的可分配盈余。可分配盈余按照下列规定返还或者分配给成员，具体分配办法按照章程规定或者经成员大会决议确定：按成员与本社的交易量（额）比例返还，返还总额不得低于可分配盈余的百分之六十；按前项规定返还后的剩余部分，以成员账户中记载的出资额和公积金份额，以及本社接受国家财政直接补助和他人捐赠形成的财产平均量化到成员的份额，按比例分配给本社成员”。

3. 农业部办公厅《关于组织申报土地经营权入股发展农业产业化经营试点方案的通知》（农办经〔2015〕9号）对股份合作组织和股份资产做出设计：

（1）入股载体的形式方面。探索多元化的载体（股份组织），包括土地经营权入股的企业、合作社。可以是农民以土地经营权直接入股企业，或者先入股到合作社、合作社再入股企业，也可以是农民以土地经营权、企业和个人以其他要素入股到合作社等，让资本、土地、劳动、技术等各种要素优化配置，实现一、二、三产业融合发展。通过试点，挖掘和培育一批以土地经营权入股发展农业产业化经营的龙头企业、合作社。

（2）股份组织的运行机制方面。探索土地经营权权利内涵、经营权计价折股的方式等，土地经营权入股后的相关企业、合作社的经营决策机制、利益分配机制、风险防范机制等，以及入股各方权利的平等保障、企业和合作社的财务公开、监督等事项。还可以尝试探索“优先股”“双重资本制”等，让农民既分享产业增值收益，又可以降低失去土地经营收入的风险。通过试点，将入股各方均认可的机制提炼形成股份组织运行的示范章程。

（3）政府部门的政策创设方面。探索在试点县（市、区）内，有关政府部门起草土地经营权入股注册登记企业、合作社的试行管理办法，并在当地试行；以及注册前进行风险提示，建立风险评估制度，设立入股保险、风险保障金等救济机制等。通过试点，提出解决土地经营权入股相关障碍和问题、开展风险控制的政策制度设计，以及修改土地承包法、农民专业合作社法、公司法等相关法律的建议。

（五）资本市场扶贫政策

证监会于2016年9月8日发布《关于发挥资本市场作用服务国家脱贫攻坚战略的意见》（证监会公告〔2016〕19号），提出发挥资本市场作用，服务脱贫攻坚战略。

该意见分别从支持贫困地区企业利用多层次资本市场融资、支持和鼓励上市公司、证券基金经营机构、期货经营机构履行社会责任服务国家脱贫攻坚战略、加强贫困地区投资者保护工作等方面提出政策意见。具体内容如下：

一是支持贫困地区企业利用多层次资本市场融资。①对注册地和主要生产经营地均在贫困地区且开展生产经营满3年、缴纳所得税满3年的企业，或者注册地在贫困地区、最近1年在贫困地区缴纳所得税不低于2 000万元且承诺上市后3年内不变更注册地的企业，申请首次公开发行股票并上市的，适用“即报即审、审过即发”的政策。②对注册地在贫困地区的企业申请在全国中小企业股份转让系统挂牌的，实行“专人对接、专项审核”，适用“即报即审、审过即挂”政策，减免挂牌初费。③对注册地在贫困地区的企业发行公司债、资产支持证券的，实行“专人对接、专项审核”，适用“即报即审”政策。

二是支持和鼓励上市公司履行社会责任服务国家脱贫攻坚战略。①鼓励上市公司支持贫困地区的产业发展，支持上市公司对贫困地区的企业开展并购重组。对涉及贫困地区的上市公司并购重组项目，优先安排加快审核；对符合条件的农业产业化龙头企业的并购重组项目，重点支持加快审核。②鼓励上市公司结对帮扶贫困县或贫困村，主动对接建档立卡贫困户，优先录用来自贫困地区的高校毕业生，优先招收建档立卡贫困人口。

三是支持和鼓励证券基金经营机构履行社会责任服务国家脱贫攻坚战略。①鼓励证券公司开展专业帮扶，通过组建金融扶贫工作站等方式结对帮扶贫困县，与当地政府建立长效帮扶机制，帮助县域内企业规范公司治理，提高贫困地区利用资本市场促进经济发展的能力。②鼓励上市公司、证券公司等市场主体设立或参与市场化运作的贫困地区产业投资基金和扶贫公益基金。对积极参与扶贫的私募基金管理机构，将其相关产品备案纳入登记备案绿色通道；在贫困地区组织行业培训、开展业务交流，便利私募投资基金向贫困地区投资。③鼓励证券公司、基金管理公司、私募基金管理机构等市场主体优先录用建档立卡贫困毕业生，对建档立卡贫困户在就医就学等方面开展精准帮扶。④视证券公司参与扶贫工作情况，在分类评价过程中，对做出突出贡献的酌予加分；中国证券业协会定期对证券公司的扶贫工作情况进行考评，为分类评价提供公允的参考依据。

四是支持和鼓励期货经营机构履行社会责任服务国家脱贫攻坚战略。①鼓励期货公司开展专业帮扶，对贫困地区涉农企业进入期货市场开展套期保值业务进行培训，并提供合作套保、仓单质押、仓单回购等专业服务。②将期货公司参与扶贫工作情况纳入分类评价标准，对做出突出贡献的予以加分；中国期货业协会定期对期货公司的扶贫工作情况进行考评，为分类评价提供公允的参考依据。支持符合条件的贫困地区优先开展“保险＋期货”试点，提高涉农企业、农民专业合作社等新型农业经营主体化解市场风险的能力，对期货经营机构开展“保险＋期货”试点项目适当减免手续费。支持贫困地区符合条件的仓储企业申请设立交割仓库。

二、划分资产类型的资产收益扶贫政策

（一）土地资源和固定设施

1.《中华人民共和国土地管理法》对于农村土地的所有权和使用权的相关规定：“第八条 农村和城市郊区的土地，除由法律规定属于国家所有的以外，属于农民集体所有；宅基地和自留地、自留山，属于农民集体所有”；“第九条 国有土地和农民集体所有的土地，可以依法确定给单位或者个人使用”；“第十五条 农民集体所有的土地，可以由本集体经济组织以外的单位或者个人承包经营，从事种植业、林业、畜牧业、渔业生产”。

2.《中华人民共和国农村土地承包法》对于土地承包经营权流转的规定：“第三十二条　通过家庭承包取得的土地承包经营权可以依法采取转包、出租、互换、转让或者其他方式流转”；“第三十三条　土地承包经营权流转应当遵循以下原则：平等协商、自愿、有偿，任何组织和个人不得强迫或者阻碍承包方进行土地承包经营权流转；不得改变土地所有权的性质和土地的农业用途；流转的期限不得超过承包期的剩余期限；受让方须有农业经营能力；在同等条件下，本集体经济组织成员享有优先权”；“第三十四条　土地承包经营权流转的主体是承包方。承包方有权依法自主决定土地承包经营权是否流转和流转的方式”；“第三十六条　土地承包经营权流转的转包费、租金、转让费等，应当由当事人双方协商确定。流转的收益归承包方所有，任何组织和个人不得擅自截留、扣缴”；“第四十六条　荒山、荒沟、荒丘、荒滩等可以直接通过招标、拍卖、公开协商等方式实行承包经营，也可以将土地承包经营权折股分给本集体经济组织成员后，再实行承包经营或者股份合作经营”；“第四十九条　通过招标、拍卖、公开协商等方式承包农村土地，经依法登记取得土地承包经营权证或者林权证等证书的，其土地承包经营权可以依法采取转让、出租、入股、抵押或者其他方式流转”。

3. 中共中央、国务院关于《落实发展新理念加快农业现代化实施全面小康目标的若干意见》（中发〔2016〕1号）提出，合理利用土地和改善基础设施，发展休闲农业和乡村旅游。依托农村绿水青山、田园风光、乡土文化等资源，大力发展休闲度假、旅游观光、养生养老、创意农业、农耕体验、乡村手工艺等，使之成为繁荣农村、富裕农民的新兴支柱产业。强化规划引导，采取以奖代补、先建后补、财政贴息、设立产业投资基金等方式扶持休闲农业与乡村旅游业发展，着力改善休闲旅游重点村进村道路、宽带、停车场、厕所、垃圾污水处理等基础服务设施。支持有条件的地方通过盘活农村闲置房屋、集体建设用地、“四荒地”、可用林场和水面等资产资源发展休闲农业和乡村旅游。将休闲农业和乡村旅游项目建设用地纳入土地利用总体规划和年度计划合理安排。

4. 国务院办公厅《关于开展农村土地承包经营权抵押贷款试点的通知》（国办发〔2014〕17号）提出创新农村抵（质）押担保方式。制定农村土地承包经营权抵押贷款试点管理办法，在经批准的地区开展试点。慎重稳妥地开展农民住房财产权抵押试点。健全完善林权抵押登记系统，扩大林权抵押贷款规模。推广以农业机械设备、运输工具、水域滩涂养殖权、承包土地收益权等为标的的新型抵押担保方式。

5. 国务院《关于开展农村承包土地的经营权和农民住房财产权抵押贷款的指导意见》（国发〔2015〕45号）提出，加大对“三农”的金融支持力度，引导农村土地经营权有序流转，慎重稳妥推进农民住房财产权抵押、担保、转让试点，做好农村承包土地（指耕地）的经营权和农民住房财产权（以下统称“两权”）抵押贷款试点工作，以此进一步深化农村金融改革创新。该意见强调赋予农村承包土地经营权和农民住房财产权的抵押融资功能和建立抵押物处置机制。

一是赋予“两权”抵押融资功能，维护农民土地权益。在防范风险、遵守有关法律法规和农村土地制度改革等政策基础上，稳妥有序开展“两权”抵押贷款试点。加强制度建设，引导和督促金融机构始终把维护好、实现好、发展好农民土地权益作为改革试点的出发点和落脚点，落实“两权”抵押融资功能，明确贷款对象、贷款用途、产品设计、抵押价值评估、抵押物处置等业务要点，盘活农民土地用益物权的财产属性，加大金融对“三农”的支持力度。

二是建立抵押物处置机制，做好风险保障。因借款人不履行到期债务或者发生当事人约定的情形需要实现抵押权时，允许金融机构在保证农户承包权和基本住房权利前提下，依法采取多种方式处置抵押物。完善抵押物处置措施，确保当借款人不履行到期债务或者发生当事人约定的情形时，承贷银行能顺利实现抵押权。农民住房财产权（含宅基地使用权）抵押贷款的抵押物处置应与商品住房制定差别化规定。探索农民住房财产权抵押担保中宅基地权益的实现方式和途径，保障抵押权人合法权益。对农民住房财产权抵押贷款的抵押物处置，受让人原则上应限制在相关法律法规和国务院规定的范围内。

6. 中共中央、国务院关于《落实发展新理念加快农业现代化实施全面小康目标的若干意见》（中发〔2016〕1号）提出，在风险可控的前提下，稳妥有序推进农村承包土地的经营权和农民住房财产权抵押贷款试点。积极发展林权抵押贷款。创设农产品期货品种，开展农产品期权试点。

（二）资金

1.《“十三五”脱贫攻坚规划》（国发〔2016〕64号）明确提出：“财政扶贫资金、相关涉农资金和社会帮扶资金投入设施农业、养殖、光伏、水电、乡村旅游等项目形成的资产，可折股量化到农村集体经济组织，优先保障丧失劳动能力的贫困户”。

2. 中共中央、国务院关于《落实发展新理念加快农业现代化实现全面小康目标的若干意见》（中发〔2016〕1号）对于深化农村集体产权制度改革的意见中，明确将经营性资产折股量化到本集体经济组织成员，并探索将财政资金投入农业农村形成的经营性资产，通过股权量化到户，让集体组织成员长期分享资产收益。

3.《中共中央 国务院关于稳步推进农村集体产权制度改革的意见》（2016年12月26日）中明确提出，“对政府拨款、减免税费等形式的资产归农村集体经济组织所有，可以量化为集体成员的股份”和“完善财政引导、多元化投入共同扶持集体经济发展机制”。

4. 2016年3月发布的《中国银监会关于银行业金融机构积极投入脱贫攻坚战的指导意见》（银监发〔2016〕9号）提出创新金融服务产品。鼓励银行业金融机构推出契合政府出资担保机构担保的多种贷款产品。灵活运用特许经营项目的收益权、购买服务协议预期收益、林权、集体土地承包经营权、集体资产收益权等作为担保设计贷款新产品。

（三）光伏

1.《中共中央 国务院关于打赢脱贫攻坚战的决定》（2015年11月29日）中明确提出“加快推进光伏扶贫工程，支持光伏发电设施接入电网运行，发展光伏农业”。

2.《“十三五”脱贫攻坚规划》（国发〔2016〕64号）对于光伏扶贫工程提出了规划目标：在前期开展试点、光照条件较好的5万个建档立卡贫困村实施光伏扶贫，保障280万无劳动能力建档立卡贫困户户均年增收3 000元以上。其他光照条件好的贫困地区可因地制宜推进实施。

3. 2016年3月，国家发展改革委、国务院扶贫办、国家能源局、国家开发银行和农业发展银行联合印发《关于实施光伏发电扶贫工作的意见》（以下简称《意见》）（发改能源〔2016〕621号），决定在全国具备光伏建设条件的贫困地区实施光伏扶贫工程。工作目标是，在2020年之前，重点在前期开展试点的、光照条件较好的16个省的471个县的约3.5万个建档立卡贫困村，以整村推进的方式，保障200万建档立卡无劳动能力贫困户（包括残疾人）每年每户增加收入3 000元以上。其他光照条件好的贫困地区可按照精准扶贫的要求，因地制宜推进实施。

《意见》明确了相关政策措施：一是国家在光伏年度建设规模管理中，专门安排光伏扶贫的光伏电站建设规模；二是国家开发银行、中国农业发展银行为光伏扶贫项目提供优惠贷款，根据资金来源成本情况在央行同期贷款基准利率基础上适度下浮；三是电网企业负责投资建设光伏扶贫电站项目的电力送出工程并确保项目按月足额结算电费和领取国家补贴资金。

《意见》明确了重点任务：一是准确识别确定扶贫对象；二是因地制宜确定光伏扶贫模式；三是统筹落实项目建设资金；四是建立长期可靠的项目运营管理体系；五是加强配套电网建设和运行服务；六是建立扶贫收益分配管理制度；七是加强技术和质量监督管理；八是编制光伏扶贫实施方案。

《意见》提出因地制宜确定光伏扶贫模式。根据扶贫对象数量、分布及光伏发电建设条件，在保障扶贫对象每年获得稳定收益的前提下，因地制宜选择光伏扶贫建设模式和建设场址，采用资产收益扶贫的制度安排，保障贫困户获得稳定收益。中东部土地资源缺乏地区，可以村级光伏电站为主（含户用）；西部和中部土地资源丰富的地区，可建设适度规模集中式光伏电站。采取村级光伏电站（含户用）方式，每位扶贫对象的对应项目规模标准为5千瓦左右；采取集中式光伏电站方式，每位扶贫对象的对应项目规模标准为25千瓦左右。

《意见》提出建立扶贫收益分配管理制度。各贫困县所在的市（县）政府应建立光伏扶贫收入分配管理办法，对扶贫对象精准识别，并进行动态管理，原则上应保障每位扶贫对象获得年收入3 000元以上。各级政府资金支持建设的村级光伏电站的资产归村集体所有，由村集体确定项目收益分配方式，大部分收益应直接分配给符合条件的扶贫对象，少部分可作为村集体公益性扶贫资金使用；在贫困户屋顶及院落安装的户用光伏系统的产权归贫困户所有，收益全部归贫困户。地方政府指定的投融资主体与商业化投资企业合资建设的光伏扶贫电站，项目资产归投融资主体和投资企业共有，收益按股比分成，投融资主体要将所占股份折股量化给扶贫对象，代表扶贫对象参与项目投资经营，按月（或季度）向扶贫对象分配资产收益。参与扶贫的商业化投资企业应积极配合，为扶贫对象能获得稳定收益创造条件。

4. 国家能源局会同国务院扶贫办于2016年10月17日印发《下达第一批光伏扶贫项目的通知》（国能新能〔2016〕280号），下达第一批总规模516万千瓦光伏扶贫项目。其中，村级光伏电站（含户用）共计218万千瓦，集中式地面电站共计298万千瓦，共涉及河北、山西、辽宁、吉林、江苏、安徽、江西、山东、河南、湖北、湖南、云南、陕西和甘肃14个省约2万个贫困村，可为约55万个建档立卡贫困户每年每户增收不低于3 000元。

（四）水电和矿产

1. 中共十八届五中全会于2015年10月29日审议通过了《中共中央关于制定国民经济和社会发展第十三个五年规划的建议》，其中明确“对在贫困地区开发水电、矿产资源占用集体土地的，试行给原住居民集体股权方式进行补偿，探索对贫困人口实行资产收益扶持制度”，为在农村小水电和矿产资源开发和利用中实施资产收益扶贫提供了政策依据。

2. 《“十三五”脱贫攻坚规划》（国发〔2016〕64号）中明确“创新水电、矿产资源开发占用农村集体土地的补偿补助方式，在贫困地区选择一批项目开展资源开发资产收益扶贫改革试点。通过试点，形成可复制、可推广的模式和制度，并在贫困地区推广，让贫困人口分享资源开发收益。”对于农村小水电扶贫工程规划实施的意见，是在总结试点经验基础上全面实施农村小水电扶贫工程。建设农村小水电扶贫装机200万千瓦，让贫困地区1万个建档立卡贫困村的100万贫困农户每年稳定获得小水电开发收益，助力贫困户脱贫。

3. 2016年9月30日，国务院办公厅印发《贫困地区水电矿产资源开发资产收益扶贫改革试点方案》（以下简称《方案》）（国办发〔2016〕73号），这是出台第一个以资产收益扶贫为主题的国家方案。《方案》提出以保障农村集体经济组织合法权益为中心，以增加贫困人口资产性收益为目标，以改革试点为突破口，以严格保护生态环境为前提，发挥资源优势，创新贫困地区水电、矿产资源开发占用农村集体土地补偿方式，对在贫困地区开发水电、矿产资源占用集体土地的，试行给原住居民集体股权方式进行补偿，探索对贫困人口实行资产收益扶持制度，探索建立集体股权参与项目分红的资产收益扶贫长效机制，走出一条资源开发与脱贫攻坚有机结合的新路子，实现贫困人口共享资源开发成果。

《方案》对试点的范围、期限与项目选择进行了部署。一是试点范围，选择在集中连片特困地区县和国家扶贫开发工作重点县（以下统称“贫困县”）开展试点，优先选择革命老区和民族地区贫困县。二是试点期限，2016年年底启动，2019年年底结束。三是项目选择。以精准扶贫、精准脱贫为导向，在全国范围内选择不超过20个占用农村集体土地的水电或矿产资源开发项目开展试点。试点项目不限企业所有制性质，但应符合相关规划和产业政策及环境保护要求，并满足以下条件：①水电开发应选择建设周期较短、经济性较好、征地面积和移民人数适量的项目；矿产资源开发应选择以露天开采方式为主、预期盈利能力较强的项目。②2017年内完成审批核准程序并开工建设。③征地范围不跨省（自治区、直辖市）。④征地及影响范围内的原住居民，应包括一定比例建档立卡贫困户。⑤出具项目影响区域内原住居民同意参与试点、农村集体经济组织承诺优先分配给建档立卡贫困户集体股权收益等证明材料。四是试点内容。重点围绕界定入股资产范围、明确股权受益主体、合理设置股权、完善收益分配制度、加强股权管理和风险防控等方面开展试点。

《方案》对资产产权和收益分配做出了安排。一是明确此次改革试点主要以水电、矿产资源开发项目占用集体土地的经济补偿为切入点，将土地补偿费折股量化，设立集体股权，并按股权比例逐年分配项目收益。这种方式就激活了沉睡的土地资源，通过资源、资金，农民向资产、股金、股东转变，让原住居民特别是贫困人口能够获得长期稳定的收益，使资源开发项目与贫困人口增收实现有机结合。二是针对如何让占用集体土地补偿收益直接惠及原住居民特别是建档立卡贫困户的工作重点和难点问题，《方案》建立了流向清晰的全过程收益传导机制。在入股资产选择上，将其限定为农村集体经济组织所有的耕地、林地、草地、未利用地等非建设用地的土地补偿费，由此形成的集体股权参与项目收益分红。在集体股权设置上，《方案》按照农村集体产权改革方向，明确了农村集体经济组织是集体股权的持有者，其成员是集体股权的受益主体；集体股权持有者不参与试点项目的经营管理和决策，但享有对剩余财产的优先分配权。在收益分配上，《方案》要求农村集体经济组织在自行制订收益分配方案时，应明确建档立卡贫困户对集体股权收益享有优先分配权益，享受特殊的倾斜和支持。在收益保障上，《方案》明确要探索建立集体股权保障收益制度，确保原住居民在项目全生命周期均能获得一定水平的收益。

《方案》还明确了保障措施。一是加大政策支持力度。在安排水电、矿产资源开发领域项目中央补助等资金时，对符合条件的试点项目予以优先支持。农村小水电扶贫工程中央预算内投资优先支持试点项目，中央投资收益专项用于扶持建档立卡贫困户和贫困村相关公共设施建设。试点过程中，利用财政投入形成的相关资产，应折股量化到农村集体经济组织，并在收益分配时对建档立卡贫困户予以倾斜支持，帮助其进一步分享资源开发收益。二是加强项目运行保障。依法依规简化试点项目前期工作程序，加快项目核准进度。对水电开发试点项目，优先保障其所发电量全额上网。对矿产资源开发试点项目，降低试点区域矿业企业用地成本，适当延长矿区和尾矿库等依法占用临时用地的使用期限。

4. 水利部门规划和实施的水利工程项目政策。水利部以“实施贫困地区小水电精准扶贫工程建设，制定特惠政策，让原住民在水电开发中获得稳定的资产性收入”为总体思路，通过实施“水电农村电气化县建设”和“小水电代燃料生态保护工程建设”两项工程，探索有效利用水电资源。“水电农村电气化县建设”是在国家财政资金和政策的支持下，鼓励地方开发农村小水电资源，解决当地用电问题，增加清洁可再生能源供应，促进经济社会发展的一项民生工程。“小水电代燃料生态保护工程建设”以解决农民生活燃料问题为切入点，主要是建设“代燃料电站”，该项工程于 2003 年开始实施，2009 年全面实施。从实施成效来看，2009—2015 年，国家投入 35 亿元，建设了 320 个项目，总装机 95 万千瓦，可解决 90 万农户的生活燃料问题，每年可减少薪柴消耗 570 万立方米，保护森林面积 1 120 多万亩。项目区农户每度电平均可降低 0.2 元，每户年均可减少电费支出 300 元。

农村贫困户从小水电股份中受益的途径：一是小水电资源资产股份的 5% 量化给村集体经济组织，用于发展村级公益事业；二是给予村集体经济组织开发小水电资源资金补助；三是农民以多种形式入股小水电站，获得小水电站股权及收益；四是小水电站就近降价供电。

根据进一步推进实施农村小水电资源开发的规划，下一步，水利部拟在 832 个贫困县中选择农村水能资源丰富的 300～400 个县，精选一批开发条件较好、生态环境影响较小的小水电资源开发项目进行建设，计划投资收益专项用于扶持贫困村、贫困户的脱贫解困。

POSTSCRIP 后　记

党的十八届五中全会提出，“探索对贫困人口实行资产收益扶贫制度”，对贫困人口和贫困村，尤其是失能和弱能贫困人口进行分类帮扶。根据我国建档立卡信息系统数据，我国农村贫困人口中无劳动能力和丧失劳动能力人口占比达到40.7%，而资产收益扶贫项目的发展为这类群体的脱贫提供了可行路径，为2020年全面脱贫目标的实现奠定了重要基础。

自资产收益扶贫概念提出后，各地结合自身特点进行了多种类型的有益探索，本书的编写便是在对各地资产收益扶贫项目进行实地调研的基础上完成的。在对实践进行总结和提炼的基础上，从理论层面出发，对此类项目的运行机制和发展方向进行深入探索。本书案例部分是对已有经验的总结和提炼。在强调案例代表性的同时，注重案例的多样性——不同发展类型和贫困特征的地区的实践方式，希望可以对未来各地的具体政策实施有所裨益。理论层面上，资产收益扶贫是“资产建设”理论的实践，也是对阿玛蒂亚·森能力贫困理论的进一步拓展。通过资产收益扶贫项目，农户不仅实现了资产积累，更重要的是获得了运用资产实现收益的权利，即阿玛蒂亚·森所谓的“交换权利映射”。正如放开对农村人口流动的限制使农民获得了在城市经济体系中获得劳动收益一样，资产收益扶贫项目的实施为贫困农户和贫困村的资产找出了实现收益的可靠路径。这是中国扶贫对现有理论的创新实践。

本书的编写得到了国务院扶贫办信息中心的大力支持。调研地各级政府为案例搜集整理工作提供了重要支持和帮助，当然，没有基层工作者的智慧和付出，资产收益扶贫项目绝无可能有如此丰富和精彩的实践成果，他们的工作是本书的起点与基石。同时也要感谢中国人民大学农业与农村发展学院的博士研究生刘未同学在调研和编写过程中的辛勤工作。感谢武汉大学向德平教授和中国农业大学左停教授的悉心评审。另外，中国农业出版社在对本教材审校过程中，给予了专业指导和大力支持。在此，一并表示衷心的感谢！

编　者

2018年5月

图书在版编目（CIP）数据

资产收益扶贫的实践探索 / 全国扶贫宣传教育中心组织编写. —北京：中国农业出版社，2018.8（2018.12 重印）
全国扶贫教育培训教材
ISBN 978-7-109-24132-9

Ⅰ.①资… Ⅱ.①全… Ⅲ.①扶贫—研究—中国—干部培训—教材 Ⅳ.①F126

中国版本图书馆 CIP 数据核字（2018）第 091282 号

Zichan Shouyi Fupin De Shijian Tansuo

中国农业出版社出版
（北京市朝阳区麦子店街 18 号楼）
（邮政编码 100125）
责任编辑 黄向阳
文字编辑 刘金华

北京中兴印刷有限公司印刷 新华书店北京发行所发行
2018 年 8 月第 1 版 2018 年 12 月北京第 2 次印刷

开本：700mm×1000mm 1/16 印张：7
字数：120 千字
定价：25.00 元